卞尺丹几乙し丹卞と

Translated Language Learning

Le Pays des Aveugles

The Country of the Blind

H.G. Wells

Français / English

Copyright © 2023 Tranzlaty
All rights reserved.
Published by Tranzlaty
ISBN: 978-1-83566-200-7
Original text by H.G. Wells
The Country of the Blind
First published in English in 1904
www.tranzlaty.com

Le Pays des Aveugles
The Country of the Blind

Trois cents miles et plus de Chimborazo
Three hundred miles and more from Chimborazo
à cent milles des neiges de Cotopaxi
one hundred miles from the snows of Cotopaxi
dans les déchets les plus sauvages des Andes équatoriennes
in the wildest wastes of Ecuador's Andes
coupé de tout le monde des hommes
cut off from all the world of men
C'est là que se trouve la mystérieuse vallée de montagne
there lies the mysterious mountain valley
Le pays des aveugles
the Country of the Blind
Il y a de longues années, cette vallée était ouverte sur le monde
Long years ago, that valley was open to the world
Les hommes traversaient des gorges effrayantes et franchissaient un col glacé
men came through frightful gorges and over an icy pass
De là, ils pouvaient entrer dans les prairies égales de la vallée.
from there they could get into the valley's equable meadows
et les hommes sont effectivement venus dans la vallée de cette façon
and men did indeed come to the valley this way
quelques familles de sang-mêlé péruviens sont venues
some families of Peruvian half-breeds came
ils fuyaient la tyrannie d'un dirigeant espagnol

maléfique
they were fleeing from the tyranny of an evil Spanish ruler
Puis vint la prodigieuse épidémie de Mindobamba
Then came the stupendous outbreak of Mindobamba
il faisait nuit à Quito pendant dix-sept jours
it was night in Quito for seventeen days
et l'eau bouillait à Yaguachi
and the water was boiling at Yaguachi
les poissons mouraient jusqu'à Guayaquil
the fish were dying as far as Guayaquil
partout le long des pentes du Pacifique, il y avait des glissements de terrain
everywhere along the Pacific slopes there were landslips
et il y a eu des dégels rapides et des inondations soudaines
and there was swift thawings and sudden floods
un côté entier de l'ancienne crête d'Arauca a glissé
one whole side of the old Arauca crest slipped
Tout est tombé dans un moment tonitruant
it all came down in a thunderous moment
cela a coupé à jamais l'accès au pays des aveugles
this cut off access to the Country of the Blind for ever
Les pieds explorateurs des hommes ne se demandaient plus de cette façon
the exploring feet of men wondered that way no more
Mais l'un de ces premiers colons se trouvait à proximité.
But one of these early settlers happened to be close by
Il était de l'autre côté des gorges ce jour-là
he was on the other side of the gorges that day
le jour où le monde s'était si terriblement secoué

the day that the world had so terribly shaken itself
Il a dû oublier sa femme et ses enfants
he had to forget his wife and his children
et il a dû oublier tous ses amis et ses biens
and he had to forget all his friends and possessions
et il a dû recommencer sa vie
and he had to start life over again
Une nouvelle vie dans le monde inférieur
a new life in the lower world
mais la maladie et la cécité se sont emparées de lui
but illness and blindness took hold of him
et il est mort de punition dans les mines
and he died of punishment in the mines
Mais l'histoire qu'il a racontée a engendré une légende
but the story he told begot a legend
Une légende qui perdure encore aujourd'hui
a legend that lingers to this day
et il parcourt la longueur des Andes
and it travels the length of Andes
Il a parlé de la raison pour laquelle il s'est aventuré à revenir de cette rapidité.
He told of his reason for venturing back from that fastness
l'endroit où il avait été transporté
the place into which he had been carried
il avait été emmené à cet endroit alors qu'il était enfant
he had been taken to that place as a child
attaché à un lama, à côté d'une vaste balle d'équipement
lashed to a llama, beside a vast bale of gear
Il a dit que la vallée avait tout ce que le cœur de l'homme pouvait désirer.
He said the valley had all that the heart of man could

desire
eau douce, pâturages, climat uniforme
sweet water, pasture, an even climate
pentes d'un sol brun riche et enchevêtrements d'un arbuste
slopes of rich brown soil and tangles of a shrub
Il a parlé des buissons qui portaient un excellent fruit
he spoke of bushes that bore an excellent fruit
D'un côté, il y avait de grandes forêts suspendues de pins
on one side there were great hanging forests of pine
Le pin avait tenu les avalanches haut
the pine had held the avalanches high
Loin au-dessus, sur trois côtés, il y avait de vastes falaises
Far overhead, on three sides, there were vast cliffs
ils étaient d'un rocher gris-vert
they were of a grey-green rock
et au sommet, il y avait des chapeaux de glace
and at the top there were caps of ice
mais le ruisseau du glacier n'est pas venu à eux
but the glacier stream came not to them
il s'écoulait par les pentes les plus éloignées
it flowed away by the farther slopes
et ce n'est que de temps en temps que d'énormes masses de glace tombaient
and only now and then huge ice masses fell
Dans cette vallée, il n'a ni plu ni neigé.
In this valley it neither rained nor snowed
Mais les sources abondantes ont donné un riche pâturage vert
but the abundant springs gave a rich green pasture
leur irrigation s'étend sur tout l'espace de la vallée

their irrigation spread over all the valley space
Les colons s'en sont bien sortis
The settlers there did well indeed
Leurs bêtes ont bien fait et se sont multipliées
Their beasts did well and multiplied
Une seule chose a gâché leur bonheur
only one thing marred their happiness
Et c'était suffisant pour gâcher grandement leur bonheur
And it was enough to mar their happiness greatly
Une étrange maladie s'était abattue sur eux
A strange disease had come upon them
Cela a rendu tous leurs enfants aveugles
it made all their children blind
Il a été envoyé pour trouver un charme ou un antidote
He was sent to find some charm or antidote
Un remède contre ce fléau de cécité
a cure against this plague of blindness
Il est donc retourné dans la gorge
so he returned down the gorge
mais non sans fatigue, danger et difficulté
but not without fatigue, danger, and difficulty
À cette époque, les hommes ne pensaient pas aux germes
In those days men did not think of germs
Le péché a expliqué pourquoi cela s'était produit
sin explained why this had happened
C'est ce qu'il pensait aussi
this is what he thought too
Il y avait une cause à cette affliction
there was a cause for this affliction
Les immigrants étaient sans prêtre
the immigrants had been without a priest

Ils n'avaient pas réussi à mettre en place un sanctuaire
they had failed to set up a shrine
Cela aurait dû être la première chose qu'ils ont faite
this should have been the first thing they did
Il voulait construire un sanctuaire
He wanted to build a shrine
Un sanctuaire beau, bon marché et efficace
a handsome, cheap, effectual shrine
Il voulait qu'il soit érigé dans la vallée
he wanted it to be erected in the valley
Il voulait des reliques et autres
he wanted relics and such-like
Il voulait des choses puissantes de foi
he wanted potent things of faith
Il voulait des objets bénis et des médailles mystérieuses
he wanted blessed objects and mysterious medals
et il sentait qu'ils avaient besoin de prières
and he felt they needed prayers
Dans son portefeuille, il avait une barre d'argent
In his wallet he had a bar of silver
mais il n'a pas voulu dire d'où il venait
but he would not say from where it was
Il a insisté sur le fait qu'il n'y avait pas d'argent dans la vallée.
he insisted there was no silver in the valley
et il avait l'insistance d'un menteur inexpert
and he had the insistence of an inexpert liar
Ils avaient recueilli leur argent et leurs ornements
They had collected their money and ornaments
Il a dit qu'ils avaient peu besoin d'un tel trésor
he said they had little need for such treasure
Il leur a dit qu'il leur achèterait une aide sainte.

he told them he would buy them holy help
même si c'était contre leur volonté
even though this was against their will
Il était brûlé par le soleil, ganté et anxieux
he was sunburnt, gaunt, and anxious
Il n'était pas habitué aux voies du monde inférieur
he was unused to the ways of the lower world
Serrant fiévreusement son chapeau, il raconta son histoire
clutching his hat feverishly he told his story
Il a raconté son histoire à un prêtre aux yeux vifs
he told his story to some keen-eyed priest
Il a obtenu quelques remèdes sacrés
he secured some holy remedies
eau bénite, statues, croix et livres de prières
blessed water, statues, crosses and prayer books
et il a cherché à revenir et à sauver son peuple
and he sought to return and save his people
Il arriva à l'endroit où se trouvait la gorge
he came to the where the gorge had been
mais devant lui se trouvait une masse de pierres tombées
but in front of him was a mass of fallen stone
Imaginez son infinie consternation
imagine his infinite dismay
il avait été expulsé par la nature de sa terre
he had been expelled by nature from his land
Mais le reste de son histoire de malchance est perdu
But the rest of his story of mischances is lost
Tout ce que nous savons, c'est sa mort maléfique après plusieurs années
all we know of is his evil death after several years
un pauvre égaré de cet éloignement!

a poor stray from that remoteness!
Le ruisseau qui avait autrefois fait la gorge dévié
The stream that had once made the gorge diverted
Maintenant, il jaillit de l'embouchure d'une grotte rocheuse
now it bursts from the mouth of a rocky cave
et la légende de son histoire a pris sa propre vie
and the legend of his story took on its own life
Il est devenu la légende que l'on peut encore entendre aujourd'hui.
it developed into the legend one may still hear today
Une race d'aveugles « quelque part là-bas »
a race of blind men "somewhere over there"
La petite population était maintenant isolée
the little population was now isolated
La vallée a été oubliée par le monde extérieur
the valley was forgotten by the outside world
et leur maladie a suivi son cours
and their disease ran its course
Les vieux ont dû tâtonner pour trouver leur chemin
The old had to grope to find their way
Les jeunes pouvaient voir un peu, mais faiblement
the young could see a little, but dimly
et les nouveau-nés n'ont jamais vu du tout
and the newborns never saw at all
Mais la vie était très facile dans la vallée
But life was very easy in the valley
Il n'y avait ni épines ni bruyères
there were neither thorns nor briars
Il n'y avait pas d'insectes maléfiques dans le pays
there were no evil insects in the land
et il n'y avait pas de bêtes dangereuses
and there were no dangerous beasts

Une douce race de lamas a pâturé la vallée
a gentle breed of llamas grazed the valley
ceux qui pouvaient voir étaient devenus aveugles progressivement
those that could see had become purblind gradually
leur perte a donc été à peine remarquée
so their loss was scarcely noticed
Les anciens guidaient les jeunes aveugles
The elders guided the sightless youngsters
et les jeunes connaissaient bientôt merveilleusement toute la vallée
and the young soon knew the whole valley marvellously
Même lorsque la dernière vue s'est éteinte, la race a survécu
even when the last sight died out, the race lived on
Il y avait eu suffisamment de temps pour s'adapter
There had been enough time to adapt
Ils ont appris le contrôle du feu
they learned the control of fire
Ils l'ont soigneusement mis dans des poêles en pierre
they carefully put it in stoves of stone
Au début, ils étaient une simple souche de personnes
at first they were a simple strain of people
ils n'avaient jamais eu de livres ou d'écriture
they had never had books or writing
et ils n'ont été que légèrement touchés par la civilisation espagnole
and they were only slightly touched by Spanish civilisation
bien qu'ils aient eu certaines des traditions et des arts péruviens
although they had some of the Peruvian traditions and arts

Et ils ont gardé certaines de ces philosophies vivantes
and they kept some of those philosophies alive
Génération après génération
Generation followed generation
Ils ont oublié beaucoup de choses du monde
They forgot many things from the world
Mais ils ont aussi conçu beaucoup de nouvelles choses
but they also devised many new things
Le monde plus vaste d'où ils venaient est devenu mythique
the greater world they came from became mythical
Les couleurs et les détails étaient incertains
colours and details were uncertain
et la référence à la vue est devenue une métaphore
and reference to sight became a metaphor
En toutes choses, sauf à vue, ils étaient forts et capables
In all things apart from sight they were strong and able
Parfois, un avec un esprit original leur est né
occasionally one with an original mind was born to them
quelqu'un qui pouvait parler et persuader
someone who could talk and persuade
Ceux-ci sont décédés, laissant leurs effets
These passed away, leaving their effects
et la petite communauté a grandi en nombre
and the little community grew in numbers
et leur compréhension de leur monde a grandi
and their understanding of their world grew
et ils ont réglé les problèmes sociaux et économiques qui se sont posés
and they settled social and economic problems that arose
Les générations ont suivi plus de générations
Generations followed more generations
Quinze générations s'étaient écoulées depuis le départ

de cet ancêtre
fifteen generations had passed since that ancestor left
L'ancêtre qui a pris la barre d'argent
the ancestor who took the bar of silver
l'ancêtre qui est allé chercher l'aide de Dieu
the ancestor who went to find God's aid
L'ancêtre qui n'est jamais revenu dans la vallée
the ancestor who never returned to the valley
Mais quinze générations plus tard, un homme nouveau est venu
but fifteen generations later a new man came
Un homme du monde extérieur
a man from the outside world
Un homme qui a trouvé la vallée des aveugles
a man who happened to find the valley of the blind
Voici l'histoire de cet homme
this is the story of that man

C'était un alpiniste de la campagne près de Quito
He was a mountaineer from the country near Quito
Un homme qui était descendu à la mer
a man who had been down to the sea
Un homme qui avait vu le monde
a man who had seen the world
un lecteur de livres de manière originale
a reader of books in an original way
Un homme aigu et entreprenant
an acute and enterprising man
il avait été engagé par un groupe d'Anglais
he had been taken on by a party of Englishmen
ils étaient venus en Équateur pour escalader des montagnes
they had come out to Ecuador to climb mountains

Il a remplacé l'un de leurs guides qui était tombé malade
he replaced one of their guides who had fallen ill
Il avait escaladé de nombreuses montagnes du monde
He had climbed many mountains of the world
puis vint la tentative du mont Parascotopetl
and then came the attempt at Mount Parascotopetl
c'était le Cervin des Andes
this was the Matterhorn of the Andes
Ici, il était perdu pour le monde extérieur
here he was lost to the outer world
L'histoire de cet accident a été écrite une douzaine de fois
The story of that accident has been written a dozen times
Le récit de Pointer est le meilleur compte rendu des événements
Pointer's narrative is the best account of events
Il parle du petit groupe d'alpinistes
He tells about the small group of mountaineers
Il décrit leur chemin difficile et presque vertical vers le haut
he describes their difficult and almost vertical way up
jusqu'au pied du dernier et du plus grand précipice
to the very foot of the last and greatest precipice
Son récit raconte comment ils ont construit un abri de nuit
his account tells of how they built a night shelter
Au milieu de la neige sur une petite plate-forme rocheuse
amidst the snow upon a little shelf of rock
Il raconte l'histoire avec une touche de réelle puissance dramatique
he tells the story with a touch of real dramatic power

Nunez les avait quittés dans la nuit
Nunez had gone from them in the night
Ils ont crié, mais il n'y a pas eu de réponse
They shouted, but there was no reply
et pour le reste de la nuit, ils n'ont plus dormi
and for the rest of that night they slept no more
Au lever du matin, ils ont vu les traces de sa chute
As the morning broke they saw the traces of his fall
Il semble impossible qu'il ait pu émettre un son
It seems impossible he could have uttered a sound
Il avait glissé vers l'est
He had slipped eastward
Vers le côté inconnu de la montagne
towards the unknown side of the mountain
Loin en dessous, il avait heurté une pente raide de neige
far below he had struck a steep slope of snow
et il a dû dégringoler tout le long
and he must have tumbled all the way down it
au milieu d'une avalanche de neige
in the midst of a snow avalanche
Sa piste est allée droit au bord d'un précipice effrayant
His track went straight to the edge of a frightful precipice
Et au-delà tout était caché
and beyond that everything was hidden
Loin en dessous, et brumeux avec la distance, ils pouvaient voir des arbres s'élever
Far below, and hazy with distance, they could see trees rising
d'une vallée étroite et fermée
out of a narrow, shut-in valley
le pays perdu des aveugles

the lost Country of the Blind
Mais ils ne savaient pas que c'était le pays des aveugles
But they did not know it was the Country of the Blind
ils ne pouvaient la distinguer d'aucune autre vallée étroite
they could not distinguish it from any other narrow valley
Énervés par ce désastre, ils abandonnèrent leur tentative
Unnerved by this disaster, they abandoned their attempt
et Pointer a été appelé à la guerre
and Pointer was called away to the war
Plus tard, il a fait une autre tentative à la montagne
later he did make another attempt at the mountain
À ce jour, Parascotopetl soulève une crête invaincue
To this day Parascotopetl lifts an unconquered crest
et l'abri de Pointer s'effondre sans être visité, au milieu des neiges
and Pointer's shelter crumbles unvisited, amidst the snows
Et l'homme qui est tombé a survécu...
And the man who fell survived...

Au bout de la pente, il est tombé de mille pieds
At the end of the slope he fell a thousand feet
Il est descendu au milieu d'un nuage de neige
he came down in the midst of a cloud of snow
Il a atterri sur une pente de neige encore plus raide que celle ci-dessus
he landed on a snow-slope even steeper than the one above
En bas de cette pente, il a été tourbillonné

Down this slope he was whirled
La chute l'a assommé et il a perdu connaissance
the fall stunned him and he lost consciousness
mais pas un os de son corps n'a été cassé
but not a bone in his body was broken
Finalement, il est tombé sur les pentes plus douces
finally, he fell down the gentler slopes
et enfin il resta immobile
and at last he laid still
Il a été enterré au milieu d'un tas ramolli de neige blanche
he was buried amidst a softening heap of the white snow
la neige qui l'avait accompagné et sauvé
the snow that had accompanied and saved him
Il est venu à lui-même avec une faible fantaisie qu'il était malade au lit
He came to himself with a dim fancy that he was ill in bed
Puis il a réalisé ce qui s'était passé
then he realized what had happened
Avec l'intelligence d'un alpiniste, il s'est relâché
with a mountaineer's intelligence he worked himself loose
De la neige, il a vu les étoiles
from the snow he saw the stars
Il reposait à plat sur sa poitrine
He rested flat upon his chest
Il se demandait où il était
he wondered where he was
et il se demandait ce qui lui était arrivé
and he wondered what had happened to him
Il a exploré ses membres pour vérifier s'il y avait des dommages

He explored his limbs to check for damage
Il a découvert que plusieurs de ses boutons avaient disparu
he discovered that several of his buttons were gone
et son manteau a été retourné sur sa tête
and his coat was turned over his head
Son couteau était sorti de sa poche
His knife had gone from his pocket
et son chapeau a été perdu aussi
and his hat was lost too
même s'il l'avait noué sous son menton
even though he had tied it under his chin
Il s'est souvenu qu'il cherchait des pierres détachées.
He recalled that he had been looking for loose stones
Il voulait élever sa partie du mur de l'abri
he wanted to raise his part of the shelter wall
Il s'est rendu compte qu'il devait être tombé
He realized he must have fallen
et il leva les yeux pour voir jusqu'où il était tombé
and he looked up to see how far he had fallen
La falaise était exagérée par la lumière horrible de la lune montante
the cliff was exaggerated by the ghastly light of the rising moon
La chute qu'il avait prise était énorme
the fall he had taken was tremendous
Pendant un moment, il resta allongé sans bouger
For a while he lay without moving
Il regarda fixement la vaste falaise pâle
he gazed blankly at the vast, pale cliff
La montagne dominait au-dessus de lui
the mountain towered above him
À chaque instant, il semblait qu'il continuait à

augmenter
each moment it looked like it kept rising
Sortir d'une marée de ténèbres qui s'apaise
rising out of a subsiding tide of darkness
Sa beauté fantasmatique et mystérieuse le tenait
Its phantasmal, mysterious beauty held him
Et puis il a été saisi de rires sanglants
and then he was seized with sobbing laughter
Après un grand intervalle de temps, il est devenu plus conscient
After a great interval of time he became more aware
Il gisait près du bord inférieur de la neige
he was laying near the lower edge of the snow
En dessous de lui, la pente semblait moins raide
Below him the slope looked less steep
Il a vu l'apparence sombre et brisée du gazon parsemé de roches
he saw the dark and broken appearance of rock-strewn turf
Il luttait jusqu'à ses pieds, souffrant de douleurs dans chaque articulation
He struggled to his feet, aching in every joint
Il est descendu péniblement de la neige meuble entassée
he got down painfully from the heaped loose snow
et il est descendu jusqu'à ce qu'il soit sur le gazon
and he went downward until he was on the turf
Là, il est tombé à côté d'un rocher
there he dropped beside a boulder
il a bu dans le flacon dans sa poche intérieure
he drank from the flask in his inner pocket
et il s'est endormi instantanément
and he instantly fell asleep

Il a été réveillé par le chant des oiseaux
He was awakened by the singing of birds
ils étaient dans les arbres loin en dessous
they were in the trees far below
Il s'assit et aperçut qu'il était sur un petit alpage
He sat up and perceived he was on a little alp
Au pied d'un vaste précipice
at the foot of a vast precipice
Un précipice qui ne descendait que peu dans le ravin
a precipice that sloped only a little in the gully
le chemin que lui et sa neige avaient emprunté
the path down which he and his snow had come
Contre lui, un autre mur de roche s'éleva contre le ciel
against him another wall of rock reared itself against the sky
La gorge entre ces précipices s'étendait d'est en ouest
The gorge between these precipices ran east and west
et c'était plein de soleil du matin
and it was full of the morning sunlight
La lumière du soleil a éclairé la masse vers l'ouest de la montagne tombée
the sunlight lit the westward mass of fallen mountain
Il pouvait voir qu'il fermait la gorge descendante
he could see it closed the descending gorge
En dessous, il y avait un précipice tout aussi raide
Below there was a precipice equally steep
Derrière la neige dans le ravin, il a trouvé une sorte de fente de cheminée
behind the snow in the gully he found a sort of chimney-cleft
il dégoulinait d'eau de neige
it was dripping with snow-water
Un homme désespéré pourrait être capable de s'y

aventurer
a desperate man might be able to venture it
Il a trouvé cela plus facile qu'il n'y paraissait
He found it easier than it seemed
Et enfin, il arriva à une autre alpage désolée
and at last he came to another desolate alp
Il y a eu une escalade sans difficulté particulière
there was a rock climb of no particular difficulty
et il atteignit une pente raide d'arbres
and he reached a steep slope of trees
De là, il a pu se repérer
from here he was able to get his bearings
Il tourna son visage vers le haut de la gorge
he turned his face up the gorge
Il l'a vu ouvert dans des prairies verdoyantes
he saw it opened into green meadows
Là, il vit tout à fait distinctement la lueur de quelques huttes de pierre
there he saw quite distinctly the glimmer of some stone huts
Bien que les huttes aient l'air très étranges
although the huts looked very strange
Même de loin, ils ne ressemblaient pas à des huttes normales
even from a distance they didn't look like normal huts
Parfois, ses progrès étaient comme grimper le long d'un mur
At times his progress was like clambering along the face of a wall
Et après un certain temps, le soleil levant cessa de frapper le long de la gorge
and after a time the rising sun ceased to strike along the gorge

Les voix des oiseaux chanteurs se sont éteintes
the voices of the singing birds died away
et l'air devenait froid et sombre
and the air grew cold and dark
Mais la vallée lointaine avec ses maisons est devenue plus lumineuse
But the distant valley with its houses got brighter
Il est arrivé au bord d'une autre falaise
He came to the edge of another cliff
C'était un homme observateur
he was an observant man
Parmi les rochers, il remarqua une fougère inconnue
among the rocks he noted an unfamiliar fern
Il semblait s'agripper aux crevasses avec des mains vertes intenses
it seemed to clutch out of the crevices with intense green hands
Il a choisi quelques-unes de ces nouvelles plantes
He picked some of these new plants
et il rongea leurs tiges
and he gnawed their stalks
Ils lui ont donné force et énergie
they gave him strength and energy

Vers midi, il sortit de la gorge de la gorge
About midday he came out of the throat of the gorge
et il entra dans la plaine de la vallée
and he came into the plain of the valley
Le voici à nouveau au soleil
here he was in the sunlight again
Il était raide et fatigué
He was stiff and weary
Il s'assit à l'ombre d'un rocher

he sat down in the shadow of a rock
Il remplit sa fiole avec l'eau d'une source
he filled up his flask with water from a spring
et il a bu l'eau de source
and he drank the spring water
Il est resté là où il était pendant un certain temps
he remained where he was for some time
Avant d'aller dans les maisons, il avait décidé de se reposer
before going to the houses he had decided to rest
Ils étaient très étranges à ses yeux
They were very strange to his eyes
Plus il regardait autour de lui, plus la vallée semblait étrangère
the more he looked around, the stranger the valley seemed
La plus grande partie de sa surface était une prairie verdoyante
The greater part of its surface was lush green meadow
Il a été étoilé avec beaucoup de belles fleurs
it was starred with many beautiful flowers
Un soin extraordinaire avait été apporté à l'irrigation
extraordinary care had been taken for the irrigation
et il y avait des preuves de culture systématique
and there was evidence of systematic cropping
En haut de la vallée se trouvait un mur
High up around the valley was a wall
Il semblait également y avoir un canal d'eau circonférentiel
there also appeared to be a circumferential water channel
les petits filets d'eau alimentaient les plantes des prés
the little trickles of water fed the meadow plants

Sur les pentes les plus élevées au-dessus se trouvaient des troupeaux de lamas
on the higher slopes above this were flocks of llamas
Ils ont cultivé le maigre herbage
they cropped the scanty herbage
Il y avait quelques abris pour les lamas
there were some shelters for the llamas
ils avaient été construits contre le mur d'enceinte
they had been built against the boundary wall
Les cours d'eau d'irrigation coulaient ensemble dans un canal principal
The irrigation streams ran together into a main channel
Ceux-ci descendaient le centre de la vallée
these ran down the centre of the valley
et cela était entouré de chaque côté par un coffre mural haut
and this was enclosed on either side by a wall chest high
Cela a donné une qualité urbaine à cet endroit isolé
This gave an urban quality to this secluded place
Un certain nombre de chemins ont été pavés de pierres noires et blanches
a number of paths were paved with black and white stones
et les chemins avaient un étrange trottoir sur le côté
and the paths had a strange kerb at the side
Cela le rendait encore plus urbain
this made it seem even more urban
Les maisons du village central n'étaient pas disposées au hasard
The houses of the central village were not randomly arranged
ils se tenaient en rangée continue
they stood in a continuous row

et ils étaient des deux côtés de la rue centrale
and they were on both sides of the central street
Ici et là, les murs étranges étaient percés par une porte
here and there the odd walls were pierced by a door
mais il n'y avait pas une seule fenêtre à voir
but there was not a single window to be seen
Ils étaient colorés avec une irrégularité extraordinaire
They were coloured with extraordinary irregularity
Ils avaient été enduits d'une sorte de plâtre
they had been smeared with a sort of plaster
parfois c'était gris, parfois terne
sometimes it was grey, sometimes drab
Parfois, il était de couleur ardoise
sometimes it was slate-coloured
à d'autres moments, il était brun foncé
at other times it was dark brown
C'est le plâtrage sauvage qui a d'abord suscité le mot aveugle
it was the wild plastering that first elicited the word blind
« Celui qui a fait cela a dû être aussi aveugle qu'une chauve-souris »
"whoever did this must have been as blind as a bat"
mais aussi remarquable était leur étonnante propreté
but also notable was their astonishing cleanness
Il descendit un endroit escarpé
He descended down a steep place
Et c'est ainsi qu'il est venu au mur
and so he came to the wall
Ce mur conduisait l'eau autour de la vallée
this wall led the water around the valley
et il s'est terminé près du bas du village
and it ended near the bottom of the village

Il pouvait maintenant voir un certain nombre d'hommes et de femmes
He could now see a number of men and women
Ils se reposaient sur des tas d'herbe empilés
they were resting on piled heaps of grass
Ils semblaient faire la sieste
they seemed to be taking a siesta
Dans la partie la plus éloignée, il y avait un certain nombre d'enfants
in the remoter part there were a number of children
Et puis, plus près de lui, il y avait trois hommes
and then, nearer to him, there were three men
Ils portaient des seaux le long d'un petit chemin
they were carrying pails along a little path
Les chemins allaient du mur vers les maisons
the paths ran from the wall towards the houses
Les hommes étaient vêtus de vêtements de tissu de lama
The men were clad in garments of llama cloth
et leurs bottes et ceintures étaient en cuir
and their boots and belts were of leather
et ils portaient des casquettes de tissu
and they wore caps of cloth
Ils se succèdent en file indienne
They followed one another in single file
Ils bâillaient en marchant lentement
they yawned as they slowly walked
comme des hommes qui sont restés debout toute la nuit
like men who have been up all night
Leur mouvement semblait prospère et respectable
Their movement seemed prosperous and respectable
Nunez n'hésita qu'un instant

Nunez only hesitated for a moment
Et puis il est sorti de derrière son rocher
and then he came out from behind his rock
Il a donné libre cours à un cri puissant
he gave vent to a mighty shout
et sa voix résonnait dans toute la vallée
and his voice echoed round the valley
Les trois hommes s'arrêtèrent et bougeèrent la tête
The three men stopped and moved their heads
Ils semblaient regarder autour d'eux
They seemed to be looking around
Ils ont tourné leurs visages de telle ou telle façon
They turned their faces this way and that way
et Nunez gesticulait sauvagement
and Nunez gesticulated wildly
Mais ils ne semblaient pas le voir
But they did not appear to see him
malgré tous ses gestes et ses gestes
despite all his waving and gestures
Finalement, ils se sont tenus vers les montagnes
eventually they stood themselves towards the mountains
Ceux-ci étaient loin à droite
these were far away to the right
Et ils ont crié comme s'ils répondaient
and they shouted as if they were answering
Nunez hurla à nouveau, et il fit un geste inefficace
Nunez bawled again, and he gestured ineffectually
« Les imbéciles doivent être aveugles », a-t-il dit.
"The fools must be blind," he said
Tous les cris et les signes de la main n'ont pas aidé
all the shouting and waving didn't help
Nunez a donc traversé le ruisseau par un petit pont

so Nunez crossed the stream by a little bridge
Il est passé par une porte dans le mur
he came through a gate in the wall
et il les a approchés directement
and he approached them directly
Il était sûr qu'ils étaient aveugles
he was sure that they were blind
il était sûr que c'était le pays des aveugles
he was sure that this was the Country of the Blind
Le pays dont les légendes ont parlé
the country of which the legends told
Il avait le sens de la grande aventure
he had a sense of great adventure

Les trois se tenaient côte à côte
The three stood side by side
mais ils ne l'ont pas regardé
but they did not look at him
Cependant, leurs oreilles étaient dirigées vers lui
however, their ears were directed towards him
Ils l'ont jugé par ses pas inconnus
they judged him by his unfamiliar steps
Elles se tenaient proches l'une de l'autre, comme des hommes un peu effrayés
They stood close together, like men a little afraid
et il pouvait voir que leurs paupières étaient fermées et enfoncées
and he could see their eyelids were closed and sunken
comme si les boules mêmes en dessous s'étaient rétrécies
as though the very balls beneath had shrunk away
Il y avait une expression proche de la crainte sur leurs visages

There was an expression near awe on their faces
« Un homme », dit-on aux autres
"A man," one said to the others
Nunez a à peine reconnu les Espagnols
Nunez hardly recognized the Spanish
« Un homme c'est. Ou c'est un esprit »
"A man it is. Or it a spirit"
« Il descend des rochers »
"he come down from the rocks"
Nunez a avancé avec les pas confiants
Nunez advanced with the confident steps
comme un jeune qui entre dans la vie
like a youth who enters upon life
Toutes les vieilles histoires de la vallée perdue
All the old stories of the lost valley
toutes les histoires du Pays des Aveugles
all the stories of the Country of the Blind
Tout lui revient à l'esprit
it all come back to his mind
et à travers ses pensées courait un vieux proverbe
and through his thoughts ran an old proverb
« Au pays des aveugles... »
"In the Country of the Blind..."
"... l'homme borgne est roi »
"...the One-Eyed Man is King"
« Au pays des aveugles, le borgne est roi »
"In the Country of the Blind the One-Eyed Man is King"
Très civilement, il les salua
very civilly he gave them greeting
Il leur parlait et utilisait ses yeux
He talked to them and used his eyes
« D'où vient-il, frère Pedro ? » demanda l'un d'eux.
"Where does he come from, brother Pedro?" asked one

« Hors des rochers »
"from out of the rocks"
« Je viens d'outre-mer », a déclaré Nunez
"I come from over the mountains," said Nunez
« Je viens du pays où les hommes peuvent voir »
"I'm from the country where where men can see"
« Je viens d'un endroit près de Bogota »
"I'm from a place near Bogota"
« Il y a des centaines de milliers de personnes »
"there there are hundreds of thousands of people"
« La ville est si grande qu'elle dépasse l'horizon »
"the city is so big it goes over the horizon"
« La vue? » murmura Pedro
"Sight?" muttered Pedro
« Il sort des rochers », dit le deuxième aveugle
"He comes out of the rocks," said the second blind man
Le tissu de leurs manteaux était curieusement façonné
The cloth of their coats was curiously fashioned
Chaque patch était d'un type de couture différent
each patch was of a different sort of stitching
Ils l'ont surpris par un mouvement simultané vers lui
They startled him by a simultaneous movement towards him
Chacun d'eux avait la main tendue
each of them had his hand outstretched
Il s'éloigna de l'avancée de ces doigts écartés
He stepped back from the advance of these spread fingers
« Viens ici, » dit le troisième aveugle
"Come hither," said the third blind man
et il suivit la motion de Nunez
and he followed Nunez' motion
Il s'est rapidement emparé de lui

he quickly had hold of him
ils ont tenu Nunez et l'ont senti
they held Nunez and felt him over
Ils n'ont pas dit un mot de plus jusqu'à ce qu'ils aient fini
they said no word further until they were done
« Attention ! » s'exclama-t-il, un doigt dans l'œil.
"Careful!" he exclaimed, with a finger in his eye
Ils avaient trouvé un organe étrange sur lui
they had found a strange organ on him
« Il a la peau flottante »
"it has fluttering skin"
« C'est vraiment très étrange »
"it is very strange indeed"
Ils y sont revus
They went over it again
« Une créature étrange, Correa, » dit celui qui s'appelait Pedro
"A strange creature, Correa," said the one called Pedro
« Sentir la grossièreté de ses cheveux »
"Feel the coarseness of his hair"
« C'est comme les cheveux d'un lama »
"it's like a llama's hair"
« Rude, il est comme les rochers qui l'ont engendré », a déclaré Correa.
"Rough he is as the rocks that begot him," said Correa
et il a enquêté sur le menton non rasé de Nunez
and he investigated Nunez's unshaven chin
Ses mains étaient douces et légèrement humides
his hands were soft and slightly moist
« Peut-être qu'il deviendra plus fin »
"Perhaps he will grow finer"
Nunez a essayé de se libérer de leur examen

Nunez tried to free himself from their examination
mais ils avaient une emprise ferme sur lui
but they had a firm grip on him
« Attention, » dit-il encore « il parle »
"Careful," he said again "he speaks"
« Nous pouvons être sûrs que c'est un homme »
"we can be sure that he is a man"
« Pouah! » dit Pedro, à la rugosité de son manteau.
"Ugh!" said Pedro, at the roughness of his coat
« Et vous êtes venu au monde ? » demanda Pedro
"And you have come into the world?" asked Pedro
« Je viens du monde extérieur »
"I come from the world out there"
« Je viens de plus de montagnes et de glaciers »
"I come from over mountains and glaciers"
« C'est à mi-chemin du soleil »
"it is half-way to the sun"
« Hors du grand, grand monde qui s'effondre »
"Out of the great, big world that goes down"
« Douze jours de voyage vers la mer »
"twelve days' journey to the sea"
Ils semblaient à peine l'écouter
They scarcely seemed to heed him
« Nos pères nous ont parlé de telles choses »
"Our fathers have told us of such things"
« les hommes peuvent être faits par les forces de la nature », a déclaré Correa.
"men may be made by the forces of Nature," said Correa
« Conduisons-le vers les anciens », dit Pedro
"Let us lead him to the elders," said Pedro
« Criez d'abord », dit Correa.
"Shout first," said Correa
« Les enfants pourraient avoir peur »

"the children might be afraid"
« C'est une occasion merveilleuse »
"This is a marvellous occasion"
Alors ils ont crié aux autres
So they shouted to the others
Pedro a pris Nunez par la main
Pedro took Nunez by the hand
et il le conduisit aux maisons
and he lead him to the houses
Il retira sa main
He drew his hand away
« Je peux voir, » dit-il
"I can see," he said
« Pour voir? » dit Correa
"to see?" said Correa
« Oui, je peux voir avec mes yeux », a déclaré Nunez
"Yes, I can see with my eyes," said Nunez
et il se tourna vers lui
and he turned towards him
mais il trébucha contre le seau de Pedro
but he stumbled against Pedro's pail
« Ses sens sont encore imparfaits », a déclaré le troisième aveugle.
"His senses are still imperfect," said the third blind man
« Il trébuche et dit des mots insignifiants »
"He stumbles, and talks unmeaning words"
« Conduis-le par la main »
"Lead him by the hand"
« Comme vous voulez » dit Nunez
"As you will" said Nunez
et il a été conduit le long
and he was led along
Mais il a dû rire de la situation

but he had to laugh at the situation
Il semblait qu'ils ne savaient rien de la vue
it seemed they knew nothing of sight
« Je leur enseignerai assez tôt », se dit-il.
"I will teach them soon enough," he thought to himself

Il a entendu des gens crier
He heard people shouting
et il a vu un certain nombre de personnages se rassembler
and he saw a number of figures gathering together
Il les a vus dans la chaussée du milieu du village
he saw them in the middle roadway of the village
Tout cela a mis à rude épreuve son courage et sa patience
all of it taxed his nerve and patience
Il y en avait plus qu'il ne l'avait prévu
there were more than he had anticipated
C'était la première rencontre avec la population
this was the first encounter with the population
les gens du pays des aveugles
the people from the Country of the Blind
L'endroit semblait plus grand alors qu'il s'en approchait
The place seemed larger as he drew near to it
et les plâtrages maculés sont devenus encore plus bizarres
and the smeared plasterings became even queerer
Une foule d'enfants, d'hommes et de femmes est venue autour de lui
a crowd of children and men and women came around him
Ils ont tous essayé de s'accrocher à lui

they all tried to hold on to him
Ils l'ont touché de leurs mains douces et sensibles
they touched him with their soft and sensitive hands
Sans surprise, ils l'ont senti aussi
not surprisingly, they smelled at him too
Et ils écoutaient chaque mot qu'il prononçait
and they listened at every word he spoke
Certaines des femmes et des filles avaient des visages assez doux
some of the women and girls had quite sweet faces
même si leurs yeux étaient fermés et enfoncés
even though their eyes were shut and sunken
Il pensait que cela rendrait son séjour plus agréable
he thought this would make his stay more pleasant
Cependant, certaines des jeunes filles et des enfants sont restés à l'écart
However, some of the maidens and children kept aloof
ils semblaient avoir peur de lui
they seemed to be afraid of him
Sa voix semblait grossière et grossière à côté de leurs notes plus douces
his voice seemed coarse and rude beside their softer notes
Il est raisonnable de dire que la foule l'a assailli
it is reasonable to say the crowd mobbed him
mais ses trois guides sont restés près de lui
but his three guides kept close to him
Ils avaient pris une certaine fierté et une certaine propriété en lui
they had taken some pride and ownership in him
encore et encore, ils disaient: « Un homme sauvage sorti des rochers »
again and again they said, "A wild man out of the rocks"

« Bogota », a-t-il dit, « au-dessus des crêtes des montagnes »
"Bogota," he said, "Over the mountain crests"
« Un homme sauvage utilisant des mots sauvages », a déclaré Pedro
"A wild man using wild words," said Pedro
« As-tu entendu ça, Bogota ? »
"Did you hear that, Bogota?"
« Son esprit est à peine formé »
"His mind has hardly formed yet"
« Il n'a que les prémices de la parole »
"He has only the beginnings of speech"
Un petit garçon lui a pincé la main
A little boy nipped his hand
« Bogota ! » dit-il d'un ton moqueur
"Bogota!" he said mockingly
« Oui! Une ville à votre village »
"Aye! A city to your village"
« Je viens du grand monde »
"I come from the great world"
« Le monde où les hommes ont des yeux et voient »
"the world where men have eyes and see"
« Il s'appelle Bogota », ont-ils dit.
"His name's Bogota," they said
« Il a trébuché », a déclaré Correa.
"He stumbled," said Correa
« Il a trébuché deux fois quand nous sommes venus ici »
"he stumbled twice as we came hither"
« Amenez-le chez les anciens »
"bring him in to the elders"
Et ils l'ont poussé à travers une porte
And they thrust him through a doorway

Il s'est retrouvé dans une pièce noire comme de la poix
he found himself in a room as black as pitch
mais lentement ses yeux s'adaptèrent à l'obscurité
but slowly his eyes adjusted to the darkness
À l'extrémité, un feu brillait faiblement
at the far end a fire faintly glowed
La foule s'est refermée derrière lui
The crowd closed in behind him
et ils ont éteint toute lumière qui aurait pu venir de l'extérieur
and they shut out any light that could have come from outside
Avant qu'il ne puisse s'arrêter, il était tombé
before he could stop himself he had fallen
Il est tombé sur les genoux d'un homme assis
he fell right into the lap of a seated man
et son bras a frappé le visage de quelqu'un d'autre
and his arm struck the face of someone else
Il a ressenti l'impact doux des caractéristiques
he felt the soft impact of features
et il entendit un cri de colère
and he heard a cry of anger
Pendant un moment, il lutta contre un certain nombre de mains.
for a moment he struggled against a number of hands
Tous le serraient dans leurs bras
all of them were clutching him
Mais c'était un combat unilatéral
but it was a one-sided fight
Une idée de la situation lui vint à l'esprit
An inkling of the situation came to him
et il décida de se taire
and he decided to lay quiet

« Je suis tombé », a-t-il dit
"I fell down," he said
« Je ne pouvais pas voir dans cette obscurité totale »
"I couldn't see in this pitchy darkness"
Il y eut une pause dans ce qu'il avait dit
There was a pause at what he had said
il sentait des personnes invisibles essayant de comprendre ses paroles
he felt unseen persons trying to understand his words
Puis il entendit la voix de Correa
Then he heard the voice of Correa
« Il n'est que nouvellement formé »
"He is but newly formed"
« Il trébuche en marchant »
"He stumbles as he walks"
« Et son discours mêle des mots qui ne veulent rien dire »
"and his speech mingles words that mean nothing"
D'autres ont aussi dit des choses sur lui
Others also said things about him
Ils ont tous confirmé qu'ils ne pouvaient pas le comprendre parfaitement
they all confirmed they could not perfectly understand him
« Puis-je m'asseoir ? » demanda-t-il pendant une pause.
"May I sit up?" he asked during a pause
« Je ne lutterai plus contre toi »
"I will not struggle against you again"
Les anciens se consultèrent et le laissèrent se lever
the elders consulted, and let him rise
La voix d'un homme plus âgé a commencé à l'interroger
The voice of an older man began to question him

Encore une fois, Nunez s'est retrouvé à essayer d'expliquer le monde
again, Nunez found himself trying to explain the world
le grand monde d'où il était tombé
the great world out of which he had fallen
Il leur a parlé du ciel et des montagnes
he told them of the sky and mountains
et il a essayé de transmettre d'autres merveilles de ce genre
and he tried to convey other such marvels
mais les anciens étaient assis dans les ténèbres
but the elders sat in darkness
et ils ne connaissaient pas le pays des aveugles
and they did not know of the Country of the Blind
Si seulement il pouvait montrer ces anciens
if only he could show these elders
mais ils ne croyaient et ne comprenaient rien
but they believed and understood nothing
Tout ce qu'il leur disait créait de la confusion
whatever he told them created confusion
Tout cela était tout à fait au-delà de ses attentes
it was all quite outside his expectations
Ils n'ont pas compris beaucoup de ses paroles
They did not understand many of his words

Pendant des générations, ces personnes étaient aveugles
For generations these people had been blind
et ils avaient été coupés de tout le monde qui voit
and they had been cut off from all the seeing world
Les noms de toutes les choses de la vue s'étaient estompés et avaient changé
the names for all the things of sight had faded and

changed
L'histoire du monde extérieur était devenue une histoire
the story of the outer world had become a story
Son monde était juste quelque chose que les gens disaient à leurs enfants
his world was just something people told their children
et ils avaient cessé de s'en préoccuper
and they had ceased to concern themselves with it
La seule chose intéressante était à l'intérieur des pentes rocheuses
the only thing of interest was inside the rocky slopes
ils ne vivaient que dans leur mur d'encerclement
they lived only in their circling wall
Des aveugles de génie s'étaient élevés parmi eux
Blind men of genius had arisen among them
Ils avaient remis en question les anciennes croyances et traditions
they had questioned the old believes and traditions
Et ils avaient rejeté toutes ces choses comme des fantaisies oisives
and they had dismissed all these things as idle fancies
Ils les ont remplacés par de nouvelles explications plus saines
they replaced them with new and saner explanations
Une grande partie de leur imagination s'était ratatinée avec leurs yeux
Much of their imagination had shrivelled with their eyes
leurs oreilles et le bout de leurs doigts étaient devenus de plus en plus sensibles
their ears and finger-tips had gotten ever more sensitive
et avec ceux-ci ils s'étaient fait de nouvelles imaginations

and with these they had made themselves new imaginations

Lentement, Nunez réalisa la situation dans laquelle il se trouvait.
Slowly Nunez realised the situation he was in
Il ne pouvait s'attendre à aucune révérence pour son origine
he could not expect any reverence for his origin
Ses dons n'étaient pas aussi utiles qu'il le pensait
his gifts were not as useful as he thought
Expliquer la vue n'allait pas être facile
explaining sight was not going to be easy
Ses tentatives avaient été assez incohérentes
his attempts had been quite incoherent
Il était dégonflé par son excitation initiale
he was deflated from his initial excitement
et il s'est calmé dans l'écoute de leurs instructions
and he subsided into listening to their instruction
L'aîné des aveugles lui a expliqué la vie
the eldest of the blind men explained to him life
Il lui a expliqué la philosophie et la religion
he explained to him philosophy and religion
Il a décrit les origines du monde
he described the origins of the world
(par là bien sûr, il voulait dire la vallée)
(by this of course he meant the valley)
D'abord, c'était un creux vide dans les rochers
first it had been an empty hollow in the rocks
D'abord sont venues les choses inanimées sans le don du toucher
first came inanimate things without the gift of touch
Puis vinrent les lamas et autres créatures de peu de

sens
then came llamas and other creatures of little sense
Quand tout fut mis en place, les hommes vinrent
when all had been put in place, men came
Et finalement les anges sont venus au monde
and finally angels came to the world
On pouvait entendre les anges chanter et faire des sons flottants
one could hear the angels singing and making fluttering sounds
mais il était impossible de les toucher
but it was impossible to touch them
cette explication a d'abord beaucoup intrigué Nunez
this explanation first puzzled Nunez greatly
Mais alors il pensa aux oiseaux
but then he thought of the birds
Il a poursuivi en disant à Nunez comment le temps avait été divisé.
He went on to tell Nunez how time had been divided
Il y avait le temps chaud et le temps froid
there was the warm time and the cold time
Bien sûr, ce sont les équivalents aveugles du jour et de la nuit
of course these are the blind equivalents of day and night
Il a raconté comment il était bon de dormir au chaud
he told how it was good to sleep in the warm
Il a expliqué comment il était préférable de travailler pendant le froid
he explained how it was better to work during the cold
Normalement, toute la ville des aveugles aurait maintenant été endormie
normally the whole town of the blind would now have

been asleep
Mais cet événement spécial les a maintenus en haleine
but this special event kept them up
Il a dit que Nunez devait avoir été spécialement créé pour apprendre
He said Nunez must have been specially created to learn
et il était là pour servir la sagesse qu'ils avaient acquise
and he was there to serve the wisdom they had acquired
Son incohérence mentale a été ignorée, pour le moment,
his mental incoherency was ignored, for the time being
et on lui a pardonné son comportement hésitant
and he was forgiven for his stumbling behaviour
On lui a dit d'avoir du courage dans ce monde
he was told to have courage in this world
et on lui a dit de faire de son mieux pour apprendre
and he was told to do his best to learn
Toutes les personnes dans l'embrasure de la porte murmuraient d'un air encourageant
all the people in the doorway murmured encouragingly
Il a dit que la nuit était loin
He said the night was far gone
(les aveugles appellent leur nuit de jour)
(the blind call their day night)
Il a donc encouragé tout le monde à se rendormir.
so he encouraged everyone to go back to sleep

Il a demandé à Nunez s'il savait dormir
He asked Nunez if he knew how to sleep
Nunez a dit qu'il savait comment dormir
Nunez said he did know how to sleep
mais qu'avant de dormir, il voulait de la nourriture
but that before sleep he wanted food

Ils lui ont apporté une partie de leur nourriture
They brought him some of their food
Lait de lama dans un bol et pain brut salé
llama's milk in a bowl and rough salted bread
Et ils l'ont conduit dans un endroit solitaire
and they led him into a lonely place
afin qu'il puisse manger hors de leur ouïe
so that he could eat out of their hearing
Par la suite, on lui a permis de dormir
afterwards he was allowed to slumber
jusqu'à ce que le froid de la soirée de montagne les réveille
until the chill of the mountain evening roused them
et puis ils recommençaient leur journée
and then they would begin their day again
Mais Nunez ne dormait pas du tout
But Nunez slumbered not at all
Au lieu de cela, il s'est assis à l'endroit où ils l'avaient laissé.
Instead, he sat up in the place where they had left him
Il a reposé ses membres, encore endoloris par la chute
he rested his limbs, still sore from the fall
Et il a tout retourné encore et encore dans son esprit
and he turned everything over and over in his mind
les circonstances imprévues de son arrivée
the unanticipated circumstances of his arrival
De temps en temps, il riait
Every now and then he laughed
tantôt avec amusement, tantôt avec indignation.
sometimes with amusement, and sometimes with indignation
« Esprit non formé! » dit-il, « Je n'ai pas encore de sens! »

"Unformed mind!" he said, "Got no senses yet!"
« Ils ne savent pas ce qu'ils disent! »
"little do they know what they're saying!"
« Ils ont insulté leur roi et maître envoyé par le ciel »
"they've been insulting their Heaven-sent King and master"
« Je vois que je dois les ramener à la raison »
"I see I must bring them to reason"
« Laisse-moi y penser ... »
"Let me think about this..."
Il pensait encore quand le soleil s'est couché
He was still thinking when the sun set

Nunez avait l'œil pour toutes les belles choses
Nunez had an eye for all beautiful things
Il a vu la lueur sur les champs de neige et les glaciers
he saw the glow upon the snow-fields and glaciers
sur les montagnes qui s'élevaient autour de la vallée de tous les côtés
on the mountains that rose about the valley on every side
C'était la plus belle chose qu'il ait jamais vue
it was the most beautiful thing he had ever seen
Ses yeux passèrent sur la gloire inaccessible du village
His eyes went over the inaccessible glory to the village
Il regarda par-dessus les champs irrigués qui s'enfonçaient dans le crépuscule
he looked over irrigated fields sinking into the twilight
Soudain, une vague d'émotion le frappa
suddenly a wave of emotion hit him
il a remercié Dieu du fond du cœur
he thanked God from the bottom of his heart
« Merci pour le pouvoir de la vue que vous m'avez

donné »
"thank you for the power of sight you have given me"

Il entendit une voix l'appeler
He heard a voice calling to him
il venait du village
it was coming from the village
« Ahoi-hoi, Bogota ! Viens ici! »
"ahoi-hoi, Bogota! Come hither!"
À cela, il se leva, souriant
At that he stood up, smiling
Il montrerait ces gens une fois pour toutes!
He would show these people once and for all!
« Ils apprendront ce que la vue peut faire pour un homme! »
"they will learn what sight can do for a man!"
« Je les ferai me chercher »
"I shall make them seek me"
« Mais ils ne pourront pas me trouver »
"but they shall not be able to find me"
« Tu ne bouges pas, Bogota », dit la voix
"You move not, Bogota," said the voice
Il se mit à rire, sans faire de bruit.
at this he laughed, without making a noise
Il fit deux pas furtifs du chemin
he made two stealthy steps from the path
« Ne piétinez pas sur l'herbe, Bogota »
"Trample not on the grass, Bogota"
« S'interroger hors du chemin n'est pas autorisé »
"wondering off the path is not allowed"
Nunez avait à peine entendu le son qu'il faisait lui-même
Nunez had scarcely heard the sound he made himself

Il s'arrêta là où il était, émerveillé
He stopped where he was, amazed
Le propriétaire de la voix est venu en courant sur le chemin
the owner of the voice came running up the path
et il est retourné dans le chemin
and he stepped back into the pathway
« Me voici, dit-il
"Here I am," he said
l'aveugle n'était pas impressionné par les pitreries de Nunez
the blind man was not impressed with Nunez's antics
« Pourquoi n'es-tu pas venu quand je t'ai appelé? »
"Why did you not come when I called you?"
« Devez-vous être conduit comme un enfant? »
"Must you be led like a child?"
« Ne pouvez-vous pas entendre le chemin en marchant? »
"Cannot you hear the path as you walk?"
Nunez rit des questions ridicules
Nunez laughed at the ridiculous questions
« Je peux le voir », a-t-il dit
"I can see it," he said
L'aveugle s'arrêta un instant
the blind man paused for a moment
« Il n'y a pas de mot tel que voir »
"There is no such word as see"
« Cessez cette folie et suivez le bruit de mes pieds »
"Cease this folly and follow the sound of my feet"
Nunez suivit l'aveugle, un peu agacé
Nunez followed the blind man, a little annoyed
« Mon heure viendra », se dit-il
"My time will come," he said to himself

« **Tu apprendras** », répondit l'aveugle.
"You'll learn," the blind man answered
« **Il y a beaucoup à apprendre dans le monde** »
"There is much to learn in the world"
« **Personne ne vous l'a dit ?** » demanda Nunez
"Has no one told you?" asked Nunez
« **Au pays des aveugles, le borgne est roi** »
"In the Country of the Blind the One-Eyed Man is King"
« **Qu'est-ce qui est aveugle ?** » demanda l'aveugle, par-dessus son épaule.
"What is blind?" asked the blind man, over his shoulder

À ce moment-là, quatre jours s'étaient écoulés
by now four days had passed
Même le cinquième jour, rien n'avait changé
even on the fifth day nothing had changed
le roi des aveugles était toujours incognito
the King of the Blind was still incognito
Il était encore un étranger maladroit et inutile parmi ses sujets.
he was still a clumsy and useless stranger among his subjects
Il a trouvé tout cela beaucoup plus difficile qu'il ne le pensait
he found it all much more difficult than he thought
Comment pouvait-il se proclamer roi à ces aveugles ??
how could he proclaim himself king to these blind people??
Il a été laissé à méditer son coup d'État
he was left to meditated his coup d'etat
Entre-temps, il a fait ce qu'on lui a dit
in the meantime he did what he was told
il a appris les mœurs et les coutumes du pays des

aveugles
he learnt the manners and customs of the Country of the Blind
Travailler la nuit qu'il trouvait particulièrement ennuyeux
working at night he found particularly irksome
Cela allait être la première chose qu'il a changée
this was going to be the first thing he changed
Ils menaient une vie simple et laborieuse
They led a simple and laborious life
mais ils avaient tous les éléments de la vertu et du bonheur
but they had all the elements of virtue and happiness
Ils ont peiné, mais pas de manière oppressive
They toiled, but not oppressively
ils avaient de la nourriture et des vêtements suffisants pour leurs besoins
they had food and clothing sufficient for their needs
ils avaient des jours et des saisons de repos
they had days and seasons of rest
Ils aimaient la musique et le chant
they enjoyed music and singing
Il y avait de l'amour parmi eux
there was love among them
et il y avait des petits enfants
and there were little children
C'était merveilleux de voir leur confiance et leur précision
It was marvellous to see their confidence and precision
Ils ont vaqué dans leur monde ordonné efficacement
they went about their ordered world efficiently
Tout avait été fait pour répondre à leurs besoins
Everything had been made to fit their needs

Chaque chemin avait un angle constant par rapport à l'autre
each paths had a constant angle to the other
Chaque trottoir se distinguait par une encoche spéciale
each kerb was distinguished by a special notch
tous les obstacles et irrégularités avaient été éliminés
all obstacles and irregularities had been cleared away
Toutes leurs méthodes sont nées naturellement de leurs besoins particuliers
all their methods arose naturally from their special needs
et leurs procédures avaient un sens par rapport à leurs capacités
and their procedures made sense to their abilities
Leurs sens étaient devenus merveilleusement aiguisés
their senses had become marvellously acute
ils pouvaient entendre et juger le moindre geste
they could hear and judge the slightest gesture
même si l'homme était à une douzaine de pas
even if the man was a dozen paces away
Ils pouvaient entendre les battements mêmes de son cœur
they could hear the very beating of his heart
L'intonation et le toucher ont longtemps remplacé l'expression et le geste
Intonation and touch had long replaced expression and gesture
Ils étaient pratiques avec la houe et la bêche
they were handy with the hoe and spade
Et ils se déplaçaient aussi libres et confiants que n'importe quel jardinier
and they moved as free and confident as any gardener
Leur odorat était extraordinairement bon
Their sense of smell was extraordinarily fine

Ils pourraient distinguer les différences individuelles aussi rapidement qu'un chien peut le faire
they could distinguish individual differences as quickly as a dog can
Et ils s'occupaient des lamas avec aisance et confiance
and they went about the tending of llamas with ease and confidence

un jour vint Nunez chercha à s'affirmer
a day came Nunez sought to assert himself
Mais il s'est vite rendu compte de sa sous-estimation
but he quickly realized his underestimation
et il a appris à quel point leurs mouvements pouvaient être confiants
and he learned how confident their movements could be
Il ne s'est rebellé qu'après avoir essayé la persuasion
he rebelled only after he had tried persuasion
À plusieurs reprises, il avait essayé de leur parler de la vue
on several occasions he had tried to tell them of sight
« Regardez-vous ici, vous les gens », dit-il.
"Look you here, you people," he said
« Il y a des choses que vous ne comprenez pas en moi »
"There are things you people do not understand in me"
Une ou deux fois, un ou deux d'entre eux l'ont écouté
Once or twice one or two of them listened to him
Ils étaient assis le visage abattu
they sat with their faces downcast
leurs oreilles étaient tournées intelligemment vers lui
their ears were turned intelligently towards him
et il a fait de son mieux pour leur dire ce que c'était de voir
and he did his best to tell them what it was to see

Parmi ses auditeurs se trouvait une fille
Among his hearers was a girl
ses paupières étaient moins rouges et enfoncées
her eyelids were less red and sunken
On pourrait presque imaginer qu'elle cachait des yeux
one could almost imagine she was hiding eyes
Il espérait surtout la persuader
he especially hoped to persuade her
Il a parlé des beautés de la vue
He spoke of the beauties of sight
Il a parlé de regarder les montagnes
he spoke of watching the mountains
Il leur a parlé du ciel et du lever du soleil
he told them of the sky and the sunrise
et ils l'entendirent avec une incrédulité amusée
and they heard him with amused incredulity
Mais cela a fini par devenir condamnatoire
but that eventually became condemnatory
Ils lui ont dit qu'il n'y avait pas de montagnes du tout.
They told him there were no mountains at all
Ils lui ont dit que seuls les lamas allaient aux rochers
they told him only the llamas go to the rocks
ils y broutent leur herbe au bord
they graze their grass there at the edge
Et c'est la fin du monde
and that is the end of the world
De là, le toit s'élève au-dessus de l'univers
from there the roof rises over the universe
Seules la rosée et les avalanches sont tombées de là
only the dew and the avalanches fell from there
Il soutenait fermement que le monde n'avait ni fin ni toit
he maintained stoutly the world had neither end nor

roof
Tout ce qu'ils pensaient du monde était faux, leur a-t-il dit.
everything they thought about the world was wrong, he told them
Mais ils ont dit que ses pensées étaient méchantes
but they said his thoughts were wicked
Ses descriptions du ciel, des nuages et des étoiles leur étaient hideuses
his descriptions of sky and clouds and stars were hideous to them
Un vide terrible à la place du toit lisse du monde
a terrible blankness in the place of the smooth roof of the world
C'était un article de foi avec eux
it was an article of faith with them
Ils croyaient que le toit de la caverne était délicieusement lisse au toucher.
they believed the cavern roof was exquisitely smooth to the touch
Il a vu que d'une certaine manière il les a choqués
he saw that in some manner he shocked them
Et il a complètement abandonné cet aspect de la question
and he gave up that aspect of the matter altogether
Au lieu de cela, il a essayé de leur montrer la valeur pratique de la vue.
instead, he tried to show them the practical value of sight

Un matin, il vit Pedro sur le chemin dix-sept
One morning he saw Pedro on path Seventeen
Il se dirigeait vers les maisons centrales

he was coming towards the central houses
mais il était encore trop loin pour entendre ou sentir
but he was still too far away for hearing or scent
«Dans peu de temps», a-t-il prophétisé, «Pedro sera là»
"In a little while," he prophesied, "Pedro will be here"
Un vieil homme remarqua que Pedro n'avait rien à faire sur le chemin dix-sept
An old man remarked that Pedro had no business on path Seventeen
puis, comme pour confirmer, Pedro a changé de chemin
and then, as if in confirmation, Pedro changed paths
Avec des pas agiles, il se dirigea vers le mur extérieur
with nimble paces he went towards the outer wall
Ils se sont moqués de Nunez quand Pedro n'est pas arrivé
They mocked Nunez when Pedro did not arrive
il a essayé de blanchir son personnage en demandant à Pedro
he tried to clear his character by asking Pedro
mais Pedro a nié les allégations
but Pedro denied the allegations
et par la suite il lui fut hostile
and afterwards he was hostile to him

Puis il les a convaincus de le laisser partir
Then he convinced them to let him go
« Laisse-moi monter les prairies en pente jusqu'au mur »
"let me go up the sloping meadows to the wall"
« Laisse-moi emmener avec moi une personne consentante »
"let me take with me one willing individual"

« Je vais décrire tout ce qui se passe entre les maisons »
"I will describe all that is happening among the houses"
Il a noté certains allées et venues
He noted certain goings and comings
Mais ces choses n'étaient pas importantes pour ces gens
but these things were not important to these people
Ils se souciaient de ce qui se passait à l'intérieur des maisons sans fenêtre
they cared for what happened inside the windowless houses
de ces choses qu'il ne pouvait ni voir, ni dire
of those things he could neither see, nor tell
Sa tentative avait de nouveau échoué
his attempt had failed again
ils ne pouvaient pas réprimer leur ridicule
they could not repress their ridicule
et finalement Nunez a eu recours à la force
and finally Nunez resorted to force
Il a pensé à saisir une bêche
He thought of seizing a spade
Il pourrait frapper un ou deux d'entre eux sur terre
he could smite one or two of them to earth
Dans un combat équitable, il pouvait montrer l'avantage des yeux
in fair combat he could show the advantage of eyes
Il est allé jusqu'à prendre cette résolution au point de saisir sa pelle.
He went so far with that resolution as to seize his spade
Mais ensuite, il a découvert une nouvelle chose sur lui-même
but then he discovered a new thing about himself
Il lui était impossible de frapper de sang-froid un

aveugle
it was impossible for him to hit a blind man in cold blood
Tenant la bêche, il hésita un instant
holding the spade, he hesitated for a moment
Tous avaient pris conscience qu'il avait arraché la bêche.
all of them had become aware that he had snatched up the spade
Ils se tenaient en alerte, la tête d'un côté
They stood alert, with their heads on one side
Ils tendirent prudemment les oreilles vers lui
they cautiously bent their ears towards him
Et ils ont attendu ce qu'il ferait ensuite
and they waited for what he would do next
« Pose cette bêche », dit l'un d'eux.
"Put that spade down," said one
et il ressentait une sorte d'horreur impuissante
and he felt a sort of helpless horror
il ne pouvait pas venir à leur obéissance
he could not come to their obedience
Il en a poussé un en arrière contre le mur d'une maison
he thrust one backwards against a house wall
et il s'enfuit devant lui, et hors du village
and he fled past him, and out of the village
Il est allé au-dessus d'une de leurs prairies
he went over one of their meadows
Mais bien sûr, il a piétiné l'herbe derrière lui
but of course he trampled grass behind him
Il s'assit au bord de l'une de leurs voies
he sat down by the side of one of their ways
Il sentait quelque chose de la flottabilité en lui
he felt something of the buoyancy in him

Tous les hommes le ressentent au début d'un combat
all men feel it in the beginning of a fight
mais il ressentait plus de perplexité qu'autre chose
but he felt more perplexity than anything
Il a commencé à réaliser quelque chose d'autre sur lui-même
he began to realise something else about himself
Vous ne pouvez pas vous battre joyeusement avec des créatures d'une base mentale différente
you cannot fight happily with creatures of a different mental basis
Au loin, il a vu un certain nombre d'hommes portant des bêches et des bâtons
Far away he saw a number of men carrying spades and sticks
Ils sortaient des rues et des maisons
they were coming out of the streets and houses
Ensemble, ils ont fait une ligne à travers les chemins
together they made a line across the paths
et ils s'approchaient de lui
and they line was coming towards him
Ils avançaient lentement, se parlant fréquemment
They advanced slowly, speaking frequently to one another
Encore et encore, ils se sont arrêtés et ont reniflé l'air
again and again they stopped and sniff the air
La première fois qu'ils ont fait cela, Nunez a ri
The first time they did this Nunez laughed
Mais après, il n'a pas ri
But afterwards he did not laugh
On a trouvé sa trace dans l'herbe des prés
One found his trail in the meadow grass
Il est venu se pencher et sentir son chemin le long de

celle-ci
he came stooping and feeling his way along it
Pendant cinq minutes, il a observé la lente extension de la ligne
For five minutes he watched the slow extension of the line
Sa vague disposition à faire quelque chose immédiatement est devenue frénétique
his vague disposition to do something forthwith became frantic
Il se leva et marcha vers le mur
He stood up and paced towards the wall
Il se retourna et recula un peu
he turned, and went back a little way
Ils se tenaient tous dans un croissant, immobiles et à l'écoute
they all stood in a crescent, still and listening
Il resta également immobile, saisissant sa bêche
He also stood still, gripping his spade
Devrait-il les attaquer?
Should he attack them?
Le pouls dans ses oreilles a couru dans un rythme:
The pulse in his ears ran into a rhythm:
« **Au pays des aveugles, le borgne est roi** »
"In the Country of the Blind the One-Eyed Man is King"
« **Au pays des aveugles, le borgne est roi** »
"In the Country of the Blind the One-Eyed Man is King"
« **Au pays des aveugles, le borgne est roi** »
"In the Country of the Blind the One-Eyed Man is King"
Il regarda en arrière le mur haut et inescaladable
He looked back at the high and unclimbable wall
et il regarda la ligne de chercheurs qui approchait
and he looked at the approaching line of seekers

D'autres sortaient maintenant de la rue des maisons aussi
others were now coming out of the street of houses too
« Bogota ! » cria l'un d'eux, « Où es-tu ? »
"Bogota!" called one, "Where are you?"
Il serra sa bêche encore plus fort
He gripped his spade even tighter
et il descendit le pré vers le lieu des habitations
and he went down the meadow towards the place of habitations
Là où il se déplaçait, ils ont convergé vers lui
where he moved they converged upon him
« Je les frapperai s'ils me touchent », a-t-il juré.
"I'll hit them if they touch me," he swore
« par le ciel, je le ferai. Je vais les frapper »
"by Heaven, I will. I'll hit them"
Il a crié à haute voix : « Regardez ici, vous les gens. »
He called aloud, "Look here you people"
« Je vais faire ce que j'aime dans cette vallée! »
"I'm going to do what I like in this valley!"
« Entendez-vous? Je vais faire ce que j'aime »
"Do you hear? I'm going to do what I like"
« et j'irai où je veux »
"and I will go where I like"
Ils s'installaient rapidement sur lui
They were moving in upon him quickly
Ils tâtonnaient sur tout, mais se déplaçaient rapidement
they were groping at everything, yet moving rapidly
C'était comme jouer au bluff de l'aveugle
It was like playing blind man's bluff
mais tout le monde avait les yeux bandés sauf un
but everyone was blindfolded except one

« Saisissez-le ! » s'écria l'un d'eux.
"Get hold of him!" cried one
Il s'est rendu compte qu'un groupe d'hommes l'avait encerclé.
He realized a group of men had surrounded him
Soudain, il sentit qu'il devait être actif et résolu.
suddenly he felt he must be active and resolute
« Vous ne comprenez pas », s'écria-t-il
"You people don't understand," he cried
Sa voix se voulait grande et résolue
his voice was meant to be great and resolute
mais sa voix se brisait et ne portait aucun pouvoir
but his voice broke and carried no power
« Vous êtes tous aveugles et je peux voir »
"You are all blind and I can see"
« Laisse-moi tranquille ! » essaya-t-il de commander
"Leave me alone!" he tried to command
« Bogota! Posez cette bêche et sortez de l'herbe! »
"Bogota! Put down that spade and come off the grass!"
L'ordre était grotesque dans sa familiarité
the order was grotesque in its familiarity
et cela a produit une rafale de colère en lui
and it produced a gust of anger in him
« Je vais te faire du mal », dit-il en sanglotant d'émotion.
"I'll hurt you," he said, sobbing with emotion
« Par le ciel, je vais te faire du mal! Laisse-moi tranquille! »
"By Heaven, I'll hurt you! Leave me alone!"
Il a commencé à courir sans savoir où courir
He began to run without knowing where to run
Il s'est enfui de l'aveugle le plus proche
He ran away from the nearest blind man

Parce que c'était une horreur de le frapper
because it was a horror to hit him
Il s'est précipité pour échapper à leurs rangs serrés
He made a dash to escape from their closing ranks
À un endroit, l'écart était un peu plus large
in one place the gap was a little wider
Les hommes sur les côtés ont rapidement perçu ce qui se passait
the men on the sides quickly perceived what was happening
Ils se sont rapidement précipités pour combler l'écart
they quickly rushed in to close the gap
Il a bondi en avant et a vu qu'il serait attrapé
He sprang forward, and saw he would be caught
et whoosh! La bêche avait frappé
and whoosh! the spade had struck
Il sentit le doux bruit sourd de la main et du bras
He felt the soft thud of hand and arm
Et l'homme était à terre avec un cri de douleur
and the man was down with a yell of pain
et il était à travers l'écart
and he was through the gap
Il était à nouveau proche de la rue des maisons
he was close to the street of houses again
Les aveugles tourbillonnaient leurs bêches et leurs pieux
the blind men were whirling their spades and stakes
et ils couraient avec une nouvelle rapidité
and they were running with a new swiftness
Il a entendu des pas derrière lui juste à temps
He heard steps behind him just in time
Un homme de grande taille se précipitait vers lui
a tall man was rushing towards him

Il glissait sa bêche au son de lui
he was swiping his spade at the sound of him
Nunez a perdu son sang-froid cette fois-ci
Nunez lost his nerve this time
Il ne pouvait pas frapper un autre aveugle
he could not hit another blind man
Il lança sa bêche à côté de son antagoniste
he hurled his spade next to his antagonist
Le grand homme tourbillonnait d'où il entendait le bruit
the tall man whirled about from where he heard the noise
et Nunez s'enfuit, hurlant en esquivant un autre
and Nunez fled, yelling as he dodged another
Il était pris de panique à ce moment-là.
He was panic-stricken by this point
Presque aveuglément, il courut furieusement d'un bout à l'autre
almost blindly, he ran furiously to and fro
Il a esquivé quand il n'y avait pas besoin d'esquiver
he dodged when there was no need to dodge
Dans son anxiété, il essayait de voir tous les côtés de lui à la fois.
in his anxiety he tried to see every side of him at once
Pendant un moment, il était tombé
for a moment he had fallen down
Bien sûr, les adeptes ont entendu sa chute
of course the followers heard his fall
Il aperçut quelque chose dans le mur circonférentiel
he caught a glimpse of something in the circumferential wall
un petit espace entre le mur
a little gap between the wall

Il s'est mis en route dans une course folle pour cela
he set off in a wild rush for it
Il avait trébuché sur le pont
he had stumbled across the bridge
et il grimpa un peu le long des rochers
and he clambered a little along the rocks
Un jeune lama surpris est parti en sautant hors de vue
a surprised young llama went leaping out of sight
puis il s'est allongé, sanglotant pour respirer
and then he lay down, sobbing for breath
C'est ainsi que son coup d'État a pris fin.
And so his coup d'etat came to an end

Il est resté à l'extérieur du mur de la vallée des aveugles
He stayed outside the wall of the valley of the blind
Pendant deux nuits et deux jours, il est resté sans nourriture ni abri.
for two nights and days he was without food or shelter
et il méditait sur l'inattendu
and he meditated upon the unexpected
Au cours de ces méditations, il répétait fréquemment sa devise.
During these meditations he repeated his motto frequently
« Au pays des aveugles, le borgne est roi »
"In the Country of the Blind the One-Eyed Man is King"
Il pensait surtout aux moyens de conquérir ces gens.
He thought chiefly of ways of conquering these people
et il est devenu évident qu'aucun moyen pratique n'était possible
and it grew clear that no practicable way was possible
Il n'avait apporté aucune arme avec lui

He had brought no weapons with him
Et maintenant, il serait difficile d'en obtenir
and now it would be hard to get any
sa manière civilisée ne l'avait pas quitté
his civilized manner had not left him
Il n'y avait aucun moyen qu'il puisse assassiner un aveugle
there was no way he could assassinate a blind man
Bien sûr, s'il faisait cela, il pourrait dicter les conditions
Of course, if he did that, he could dictate the terms
Il pourrait les menacer de nouveaux assassinats
he could threaten them with further assassinations
Mais, tôt ou tard, il doit dormir!
But, sooner or later he must sleep!
Il a essayé de trouver de la nourriture parmi les pins
He tried to find food among the pine trees
La nuit, le gel tombait sur la vallée
at night the frost fell over the valley
Pour être à l'aise, il dormait sous des branches de pin
to be comfortable he slept under pine boughs
Il a pensé à attraper un lama, s'il le pouvait.
he thought about catching a llama, if he could
Peut-être pourrait-il le marteler avec une pierre
perhaps he could hammer it with a stone
Et puis il pourrait en manger une partie
and then he could eat some of it
Mais les lamas doutaient de lui
But the llamas had doubt of him
Ils le regardaient avec des yeux bruns méfiants
they regarded him with distrustful brown eyes
Et ils lui ont craché dessus quand il s'est approché
and they spat at him when he came near

La peur est venue sur lui le deuxième jour
Fear came on him the second day
Il a été pris par des crises de frissons
he was taken by fits of shivering
Finalement, il rampa le long du mur
Finally he crawled back down the wall
et il retourna au pays des aveugles
and he went back into the Country of the Blind
Il a crié jusqu'à ce que deux aveugles sortent à la porte
he shouted until two blind men came out to the gate
Et il lui a parlé, négociant ses conditions
and he talked to him, negotiating his terms
« J'étais devenu fou », a-t-il dit.
"I had gone mad," he said
« Mais je n'étais que nouvellement fait »
"But I was only newly made"
Ils ont dit que c'était mieux
They said that was better
Il leur a dit qu'il était plus sage maintenant
He told them he was wiser now
et il se repentit de tout ce qu'il avait fait
and he repented of all he had done
Puis il pleura sans réserve
Then he wept without reserve
parce qu'il était très faible et malade maintenant
because he was very weak and ill now
Ils ont pris cela comme un signe favorable
they took that as a favourable sign
Ils lui ont demandé s'il pensait toujours pouvoir voir
They asked him if he still thought he could see
« Non, » dit-il, « C'était de la folie »
"No," he said, "That was folly"
« Le mot ne signifie rien, moins que rien! »

"The word means nothing, less than nothing!"
Ils lui ont demandé ce qu'il y avait au-dessus de ses frais généraux.
They asked him what was overhead
« **Environ dix fois la taille d'un homme** »
"About ten times ten the height of a man"
« **Il y a un toit au-dessus du monde du rock** »
"there is a roof above the world of rock"
« **C'est très, très lisse** »
"it is very, very smooth"
« **Si lisse, si magnifiquement lisse** »
"So smooth, so beautifully smooth"
Il fondit à nouveau en larmes hystériques
He burst again into hysterical tears
« **Avant de me demander plus, donnez-moi à manger** »
"Before you ask me any more, give me some food"
« **ou bien je mourrai!** »
"or else I shall die!"
Il s'attendait à des punitions terribles
He expected dire punishments
Mais ces aveugles étaient capables de tolérer
but these blind people were capable of toleration
Sa rébellion n'était qu'une preuve de plus de son idiotie.
his rebellion was just more proof of his idiocy
ils n'avaient guère besoin de plus de preuves de son infériorité
they hardly needed more evidence for his inferiority
En guise de punition, il a été fouetté
as a punishment he was whipped some
et ils l'ont nommé pour faire le travail le plus lourd
and they appointed him to do the heaviest work
Nunez ne voyait pas d'autre moyen de survivre

Nunez could see no other way of surviving
Alors il a fait docilement ce qu'on lui a dit
so he submissively did what he was told
Il a été malade pendant quelques jours
he was ill for some days
et ils l'ont soigné gentiment
and they nursed him kindly
qui a affiné sa soumission
that refined his submission
Mais ils ont insisté pour qu'il soit allongé dans l'obscurité
but they insisted on him lying in the dark
C'était une grande misère pour lui
that was a great misery to him
Des philosophes aveugles sont venus lui parler
blind philosophers came and talked to him
Ils parlaient de la méchante légèreté de son esprit
they spoke of the wicked levity of his mind
et ils ont raconté l'histoire de la création
and they retold the story of creation
Ils ont expliqué plus en détail comment le monde était structuré
they explained further how the world was structured
et bientôt Nunez eut des doutes sur ce qu'il pensait savoir
and soon Nunez had doubts about what he thought he knew
Peut-être a-t-il vraiment été victime d'hallucinations
perhaps he really was the victim of hallucination

et ainsi Nunez est devenu citoyen du pays des aveugles
and so Nunez became a citizen of the Country of the Blind

et ces gens ont cessé d'être un peuple généralisé
and these people ceased to be a generalised people
ils sont devenus des individualités pour lui
they became individualities to him
et ils lui sont devenus familiers
and they grew familiar to him
Le monde au-delà des montagnes s'est lentement estompé
the world beyond the mountains slowly faded
De plus en plus, il est devenu distant et irréel
more and more it became remote and unreal
Il y avait Yacob, son maître
There was Yacob, his master
C'était un homme gentil quand il n'était pas ennuyé
he was a kindly man when not annoyed
il y avait Pedro, le neveu de Yacob
there was Pedro, Yacob's nephew
et il y avait Medina-sarote
and there was Medina-sarote
elle était la plus jeune fille de Yacob
she was the youngest daughter of Yacob
Elle était peu estimée dans le monde des aveugles
she was little esteemed in the world of the blind
parce qu'elle avait un visage clair
because she had a clear-cut face
et elle manquait de toute douceur brillante satisfaisante
and she lacked any satisfying glossy smoothness
Ce sont l'idéal de beauté féminine de l'homme aveugle
these are the blind man's ideal of feminine beauty
mais Nunez la trouvait belle à première vue
but Nunez thought her beautiful at first sight
Et maintenant, elle était la plus belle chose du monde

and now she was the most beautiful thing in all the world
Ses traits n'étaient pas communs dans la vallée
her features were not common in the valley
Ses paupières fermées n'étaient pas enfoncées et rouges
her closed eyelids were not sunken and red
mais ils gisaient comme s'ils pouvaient s'ouvrir à nouveau à tout moment
but they lay as though they might open again at any moment
Elle avait de longs cils, qui étaient considérés comme une grave défiguration
she had long eyelashes, which were considered a grave disfigurement
et sa voix était faible comparée aux autres
and her voice was weak compared to the others
Il n'a donc pas satisfait l'audition aiguë des jeunes hommes
so it did not satisfy the acute hearing of the young men
Et donc elle n'avait pas d'amant
And so she had no lover
Nunez a beaucoup pensé à Medina-sarote
Nunez thought a lot about Medina-sarote
Il pensait qu'il pourrait peut-être la gagner
he thought perhaps he could win her
et puis il serait résigné à vivre dans la vallée
and then he would be resigned to live in the valley
Il pourrait être heureux pour le reste de ses jours
he could be happy for the rest of his days
Il la regardait chaque fois qu'il le pouvait
he watched her whenever he could
et il a trouvé des occasions de faire ses petits services

and he found opportunities of doing her little services
Il a également constaté qu'elle l'avait observé
he also found that she observed him
Une fois, lors d'une réunion de jour de repos, il l'a remarqué
Once at a rest-day gathering he noticed it
Ils étaient assis côte à côte dans la faible lumière des étoiles
they sat side by side in the dim starlight
La musique était douce et sa main est venue sur la sienne
the music was sweet and his hand came upon hers
et il osa lui serrer la main
and he dared to clasp her hand
Puis, très tendrement, elle lui rendit sa pression
Then, very tenderly, she returned his pressure
Et un jour, ils étaient à leur repas dans l'obscurité
And one day they were at their meal in the darkness
Il sentit sa main le chercher très doucement
he felt her hand very softly seeking him
Comme par hasard, le feu a bondi juste à ce moment-là.
as it chanced, the fire leapt just at that moment
et il vit la tendresse en elle
and he saw the tenderness in her
Il chercha à lui parler
He sought to speak to her
Il est allé la voir un jour alors qu'elle était assise
He went to her one day when she was sitting
Elle était au clair de lune d'été, tissant
she was in the summer moonlight, weaving
La lumière a fait d'elle une chose d'argent et de mystère

The light made her a thing of silver and mystery
Il s'assit à ses pieds
He sat down at her feet
et il lui a dit qu'il l'aimait
and he told her he loved her
et il lui dit combien elle lui paraissait belle
and he told her how beautiful she seemed to him
Il avait une voix d'amant
He had a lover's voice
Il parlait avec une tendre révérence qui frôlait la crainte
he spoke with a tender reverence that came near to awe
Elle n'avait jamais été touchée par l'adoration
she had never before been touched by adoration
Elle ne lui a pas donné de réponse définitive
She made him no definite answer
mais il était clair que ses paroles lui plaisaient
but it was clear his words pleased her
Après cela, il lui a parlé chaque fois qu'il le pouvait.
After that he talked to her whenever he could
La vallée est devenue le monde pour lui
the valley became the world for him
Le monde au-delà des montagnes ne semblait rien de plus qu'un conte de fées
the world beyond the mountains seemed no more than a fairy tale
Peut-être qu'un jour il pourrait lui raconter ces histoires
perhaps one day he could tell her of these stories
Très timidement et timidement, il lui parla de la vue
Very tentatively and timidly, he spoke to her of sight
La vue lui semblait la plus poétique des fantaisies
sight seemed to her the most poetical of fancies

Elle écouta attentivement sa description
she attentively listened to his description
Il lui a parlé des étoiles et des montagnes
he told her of the stars and the mountains
et il a fait l'éloge de sa douce beauté éclairée par le blanc
and he praised her sweet white-lit beauty
Elle ne croyait pas ce qu'il disait
She did not believe what he was saying
et elle ne pouvait comprendre qu'à moitié ce qu'il voulait dire
and she could only half understand what he meant
mais elle était mystérieusement ravie
but she was mysteriously delighted
et il lui semblait qu'elle comprenait parfaitement
and it seemed to him that she completely understood

Son amour a perdu sa crainte et a pris courage
His love lost its awe and took courage
Il voulait demander sa main aux anciens en mariage.
He wanted to ask the elders for her hand in marriage
mais elle est devenue craintive et a tardé
but she became fearful and delayed
c'est l'une de ses sœurs aînées qui a d'abord dit à Yacob
it was one of her elder sisters who first told Yacob
elle lui dit que Medina-sarote et Nunez étaient amoureux
she told him that Medina-sarote and Nunez were in love
Il y avait une très grande opposition au mariage
There was very great opposition to the marriage
L'objection n'était pas parce qu'ils l'appréciaient
the objection wasn't because they valued her

Mais ils s'y sont opposés parce qu'ils pensaient qu'il était différent.
but they objected because they thought of him as different
Il était toujours une chose idiote et incompétente pour eux
he was still an idiot and incompetent thing for them
Ils l'ont classé en dessous du niveau admissible d'un homme
they classed him below the permissible level of a man
Ses sœurs s'opposèrent farouchement au mariage
Her sisters opposed the marriage bitterly
Ils craignaient que cela ne les discrédite tous.
they feared it would bring discredit on them all
le vieux Yacob s'était formé une sorte de goût pour Nunez
old Yacob had formed a sort of liking for Nunez
Il était son gentil, mais maladroit et obéissant serf
he was his nice, but clumsy and obedient serf
Mais il secoua la tête à la proposition
but he shook his head at the proposal
Et il a dit que la chose ne pouvait pas être
and he said the thing could not be
Les jeunes hommes étaient tous en colère
The young men were all angry
Ils n'aimaient pas l'idée de corrompre la race
they did not like the idea of corrupting the race
et l'un d'eux est allé jusqu'à frapper Nunez
and one went so far as to strike Nunez
mais Nunez a riposté à l'homme
but Nunez struck back at the man
Puis, pour la première fois, il a trouvé un avantage à voir

Then, for the first time, he found an advantage in seeing
Même au crépuscule, il pouvait se battre mieux que l'aveugle
even by twilight he could fight better than the blind man
Après la fin de ce combat, un nouvel ordre avait été établi.
after that fight was over a new order had been established
Personne n'a jamais pensé à lever la main contre lui à nouveau
no one ever thought of raising a hand against him again
Mais ils ont quand même trouvé son mariage impossible
but they still found his marriage impossible
Le vieux Yacob avait une tendresse pour sa dernière petite fille
Old Yacob had a tenderness for his last little daughter
Il était affligé de la voir pleurer sur son épaule
he was grieved to have her weep upon his shoulder
« Tu vois, ma chérie, c'est un idiot »
"You see, my dear, he's an idiot"
« Il a des illusions sur le monde »
"He has delusions about the world"
« Il n'y a rien qu'il puisse faire de bien »
"there isn't anything he can do right"
« Je sais, » pleura Medina-sarote
"I know," wept Medina-sarote
« Mais il est meilleur qu'il ne l'était »
"But he's better than he was"
« Malgré tous ses efforts, il va mieux »
"for all his trying he's getting better"
« Et il est fort et gentil avec moi »
"And he is strong and kind to me"

« Plus fort et plus gentil que tout autre homme au monde »
"stronger and kinder than any other man in the world"

« Et il m'aime. Et, père, je l'aime »
"And he loves me. And, father, I love him"

Le vieux Yacob était très affligé de la trouver inconsolable
Old Yacob was greatly distressed to find her inconsolable

ce qui l'a rendu plus pénible, c'est qu'il aimait Nunez pour beaucoup de choses
what made it more distressing is he liked Nunez for many things

Alors il alla s'asseoir dans la salle du conseil sans fenêtre.
So he went and sat in the windowless council-chamber

Il a observé les autres anciens et la tendance de la conversation
he watched the other elders and the trend of the talk

Au moment opportun, il éleva la voix
at the proper time he raised his voice

« Il est meilleur qu'il ne l'était quand il est venu nous voir »
"He's better than he was when he came to us"

« Très probablement, un jour, nous le trouverons aussi sain d'esprit que nous »
"Very likely, some day, we shall find him as sane as ourselves"

L'un des anciens a réfléchi profondément au problème
one of the elders thought deeply about the problem

Il était un grand médecin parmi ces gens
He was a great doctor among these people

Il avait un esprit très philosophique et inventif

he had a very philosophical and inventive mind
l'idée de guérir Nunez de ses particularités lui plaisait
the idea of curing Nunez of his peculiarities appealed to him

un autre jour, Yacob était présent à une autre réunion
another day Yacob was present at another meeting
le grand docteur est revenu sur le sujet de Nunez
the great doctor returned to the topic of Nunez
« J'ai examiné Nunez », a-t-il déclaré.
"I have examined Nunez," he said
« Et l'affaire est plus claire pour moi »
"and the case is clearer to me"
« Je pense très probablement qu'il pourrait être guéri »
"I think very probably he might be cured"
« C'est ce que j'ai toujours espéré », dit le vieux Yacob.
"This is what I have always hoped," said old Yacob
« Son cerveau est affecté », a déclaré le médecin aveugle
"His brain is affected," said the blind doctor
Les anciens murmurèrent d'accord
The elders murmured in agreement
« Maintenant, qu'est-ce qui l'affecte? » demanda le médecin
"Now, what affects it?" asked the doctor
« Ceci, » dit le médecin, répondant à sa propre question
"This," said the doctor, answering his own question
« Ces choses bizarres que l'on appelle les yeux »
"Those queer things that are called the eyes"
« ils existent pour faire une indentation agréable dans le visage »
"they exist to make an agreeable indentation in the face"
« les yeux sont malades, dans le cas de Nunez »
"the eyes are diseased, in the case of Nunez"

« de telle manière que cela affecte son cerveau »
"in such a way that it affects his brain"
« Ses yeux sortent de son visage »
"his eyes bulge out of his face"
« Il a des cils, et ses paupières bougent »
"he has eyelashes, and his eyelids move"
« Par conséquent, son cerveau est dans un état d'irritation constante »
"consequently, his brain is in a state of constant irritation"
« Et donc, tout est une distraction pour lui »
"and so, everything is a distraction to him"
Yacob écouta attentivement ce que le médecin disait.
Yacob listened intently at what the doctor was saying
« Je pense pouvoir dire avec une certitude raisonnable qu'il existe un remède »
"I think I may say with reasonable certainty that there is a cure"
« Tout ce que nous avons à faire est une opération chirurgicale simple et facile »
"all we need to do is a simple and easy surgical operation"
« Tout ce que cela implique, c'est d'enlever les yeux irritants »
"all this involves is removing the irritant eyes"
« Et alors il sera sain d'esprit? »
"And then he will be sane?"
« Alors il sera parfaitement sain d'esprit »
"Then he will be perfectly sane"
« Et il sera un citoyen tout à fait admirable »
"and he'll be a quite admirable citizen"
« Merci le ciel pour la science ! » dit le vieux Yacob
"Thank Heaven for science!" said old Yacob

et il sortit aussitôt pour annoncer la bonne nouvelle à Nunez.
and he went forth at once to tell Nunez of the good news
Mais Nunez n'était pas aussi enthousiaste à l'idée
But Nunez wasn't quite as enthusiastic about the idea
Il a reçu la nouvelle avec froideur et déception
he received the news with coldness and disappointment
« Le ton de votre voix n'inspire pas confiance »
"the tone of your voice does not inspire confidence"
«On pourrait penser qu'on ne se soucie pas de ma fille»
"one might think you do not care for my daughter"

C'est Medina qui persuada Nunez d'affronter les chirurgiens aveugles
It was Medina who persuaded Nunez to face the blind surgeons
« Vous ne voulez pas, dit-il, que je perde mon don de la vue ? »
"You do not want me," he said, "to lose my gift of sight?"
Elle secoua la tête
She shook her head
« Mon monde, c'est la vue »
"My world is sight"
Sa tête tomba plus bas
Her head drooped lower
« Il y a les belles choses »
"There are the beautiful things"
« Le monde est plein de belles petites choses »
"the world is full of beautiful little things"
« Les fleurs et les lichens au milieu des rochers »
"the flowers and the lichens amidst the rocks"
« La lumière et la douceur sur un morceau de

fourrure »
"the light and softness on a piece of fur"
« Le ciel lointain avec son aube de nuages à la dérive »
"the far sky with its drifting dawn of clouds"
« Les couchers de soleil et les étoiles »
"the sunsets and the stars"
« Et il y a toi »
"And there is you"
« Pour toi seul, il est bon d'avoir la vue »
"For you alone it is good to have sight"
« Voir votre visage doux et serein est bon »
"to see your sweet, serene face sight is good"
« Pour voir vos lèvres bienveillantes »
"to see your kindly lips"
« Vos chères et belles mains jointes ensemble »
"your dear, beautiful hands folded together"
« Ce sont mes yeux que vous avez gagnés »
"it is these eyes of mine you won"
« Ce sont ces yeux qui me tiennent à toi »
"it is these eyes that hold me to you"
« Mais ce sont ces yeux que ces idiots cherchent »
"but it is these eyes that those idiots seek"
« Au lieu de cela, je dois te toucher »
"Instead, I must touch you"
« Je t'entendrais, mais je ne te reverrais jamais »
"I would hear you, but never see you again"
« Dois-je passer sous ce toit de roche, de pierre et de ténèbres ? »
"must I come under that roof of rock and stone and darkness?"
« Cet horrible toit sous lequel votre imagination s'abaisse »
"that horrible roof under which your imaginations

stoop"
« Non; tu ne voudrais pas que je fasse ça?
"no; you would not have me do that?"
Un doute désagréable était apparu en lui
A disagreeable doubt had arisen in him
Il s'est arrêté et a quitté la chose en question
He stopped and left the thing in question
Elle m'a dit : « J'aimerais parfois que tu ne parles pas comme ça. »
she said, "I wish sometimes you would not talk like that"
« Parlez comme quoi ? » demanda Nunez
"talk like what?" asked Nunez
« Je sais que ta vue est jolie »
"I know your sight is pretty"
« C'est votre imagination »
"It is your imagination"
« J'adore ça, mais maintenant ... »
"I love it, but now..."
Il avait froid à la gravité de ses mots
He felt cold at the gravity of her words
« Maintenant? » dit-il faiblement
"Now?" he said, faintly
Elle resta assise immobile sans rien dire.
She sat quite still without saying anything
« Tu penses, je serais mieux sans mes yeux? »
"you think, I would be better without my eyes?"
Il réalisait les choses très rapidement
He was realising things very swiftly
Il ressentait de la colère face au cours terne du destin
He felt anger at the dull course of fate
Mais il ressentait aussi de la sympathie pour son manque de compréhension
but he also felt sympathy for her lack of understanding

mais sa sympathie pour elle s'apparentait à de la pitié
but his sympathy for her was akin to pity
« Cher, » dit-il à son amour
"Dear," he said to his love
Son esprit se pressait contre les choses qu'elle ne pouvait pas dire
her spirit pressed against the things she could not say
Il a mis ses bras autour d'elle et il lui a embrassé l'oreille
He put his arms about her and he kissed her ear
et ils restèrent assis un moment en silence
and they sat for a time in silence
« Si je devais consentir à cela ? » dit-il enfin.
"If I were to consent to this?" he said at last
d'une voix très douce
in a voice that was very gentle
Elle jeta ses bras autour de lui, pleurant sauvagement
She flung her arms about him, weeping wildly
« Oh, si tu faisais ça, » sanglota-t-elle
"Oh, if you would do that," she sobbed
« Si seulement tu faisais cette chose! »
"if only you would do that one thing!"

Nunez ne savait rien du sommeil dans la semaine précédant l'opération
Nunez knew nothing of sleep in the week before the operation
l'opération qui devait le sortir de sa servitude et de son infériorité
the operation that was to raise him from his servitude and inferiority
l'opération qui devait l'élever au niveau d'un citoyen aveugle
the operation that was to raise him to the level of a blind

citizen

Pendant que les autres dormaient joyeusement, il s'asseyait en train de couver.
while the others slumbered happily, he sat brooding

Tout au long des heures chaudes et ensoleillées, il errait sans but
all through the warm, sunlit hours he wandered aimlessly

Et il a essayé de faire réfléchir son esprit à son dilemme.
and he tried to bring his mind to bear on his dilemma

Il avait donné sa réponse et son consentement
He had given his answer and his consent

Et il n'était toujours pas sûr que ce soit juste
and still he was not sure if it was right

Le soleil se levait en splendeur sur les crêtes dorées
the sun rose in splendour over the golden crests

Son dernier jour de vision avait commencé pour lui
his last day of vision had began for him

Il a eu quelques minutes avec Medina-sarote avant qu'elle ne s'endorme
He had a few minutes with Medina-sarote before she went to sleep

« Demain, dit-il, je n'en verrai plus. »
"Tomorrow," he said, "I shall see no more"

« Cher cœur ! » répondit-elle
"Dear heart!" she answered

et elle pressa ses mains de toutes ses forces
and she pressed his hands with all her strength

« Ils vous feront du mal, mais peu »
"They will hurt you, but little"

« Vous allez traverser cette douleur »
"you are going to get through this pain"

« Tu le traverses, cher amoureux, pour moi »
"you are going through it, dear lover, for me"
« Si le cœur et la vie d'une femme peuvent le faire, je te rembourserai »
"if a woman's heart and life can do it, I will repay you"
« Ma très chère, » dit-elle d'une voix tendre, « je vais rembourser »
"My dearest one," she said in a tender voice, "I will repay"
Il était trempé de pitié pour lui-même et pour elle.
He was drenched in pity for himself and her
Il la prit dans ses bras et pressa ses lèvres contre les siennes
He held her in his arms and pressed his lips to hers
et il admira son doux visage pour la dernière fois
and he admired her sweet face for the last time
« Au revoir! » murmura-t-il à sa chère vue.
"Good-bye!" he whispered to the dear sight of her
Et puis, en silence, il se détourna d'elle.
And then in silence he turned away from her
Elle pouvait entendre ses pas qui reculaient lentement
She could hear his slow retreating footsteps
Quelque chose au rythme de ses pas la jeta dans une passion de pleurs.
something in the rhythm of his footsteps threw her into a passion of weeping

Il avait pleinement l'intention d'aller dans un endroit solitaire
He had fully meant to go to a lonely place
aux prairies avec le beau narcisse blanc
to the meadows with the beautiful white narcissus
Il voulait y rester jusqu'à l'heure de son sacrifice
there he wanted remain until the hour of his sacrifice

Mais en marchant, il leva les yeux
but as he walked he lifted up his eyes
et il a vu le matin avec sa vue
and he saw the morning with his sight
C'était comme un ange brillant dans une armure dorée
it was like an angel shining in golden armour
il aimait vraiment Medina-sarote
he truly did love Medina-sarote
Il était prêt à abandonner la vue pour elle
he was prepared to give up his sight for her
Il allait vivre le reste de sa vie dans la vallée
he was going to live the rest of his life in the valley
L'ange descendit les pentes escarpées des prairies
the angel marched down the steeps of the meadows
et il baignait tout dans sa lumière dorée
and it bathed everything in its golden light
Sans préavis, quelque chose en lui a changé
without any notice something in him changed
Le pays des aveugles n'était rien de plus qu'un puits de péché
the country of the blind was no more than a pit of sin
Il ne s'est pas détourné comme il avait l'intention de le faire.
He did not turn aside as he had meant to do
Mais il a continué et a traversé le mur
but he went on and passed through the wall
De là, il est allé sur les rochers
from there he went out upon the rocks
Ses yeux étaient fixés sur la glace et la neige ensoleillées
his eyes were upon the sunlit ice and snow
Il a vu leur beauté infinie
he saw their infinite beauty

Son imagination s'est envolée au-dessus des sommets
his imagination soared over the peaks
Ses pensées sont allées vers le monde qu'il ne reverrait plus
his thoughts went to the world he wouldn't see again
Il a pensé à ce grand monde libre
he thought of that great free world
le monde dont il était prêt à se séparer
the world that he was prepared to part from
Le monde qui était le sien
the world that was his own
et il avait une vision de ces autres pentes
and he had a vision of those further slopes
Son esprit l'emmena à travers les vallées d'où il venait.
his mind took him through the valleys he had come from
Il est allé le long de la rivière dans la ville
he went along the river into the city
dans son esprit, il pouvait voir Bogota
in his mind he could see Bogota
Son imagination l'a porté à travers la ville
his imagination carried him through the city
Un lieu d'une beauté émouvante et multitudine
a place of multitudinous stirring beauty
Une gloire le jour, un mystère lumineux la nuit
a glory by day, a luminous mystery by night
un lieu de palais et de fontaines
a place of palaces and fountains
Un lieu de statues et de maisons blanches
a place of statues and white houses
Son esprit l'accompagna à l'extérieur de la ville
his mind went with him out the city
Il a suivi le voyage d'une rivière
he followed the journey of a river

La rivière traversait les villages et les forêts
the river went through the villages and forests
Un gros bateau à vapeur est venu éclabousser
a big steamer came splashing by
Les rives de la rivière s'ouvrent sur la mer
the banks of the river opened up into the sea
La mer sans limites avec ses milliers d'îles
the limitless sea with its thousands of islands
Il pouvait voir les lumières des îles et des navires
he could see the lights of the islands and the ships
La vie a continué sur chaque petite île
life continued on each little island
Et il a pensé à ce monde plus vaste
and he thought about that greater world
Il leva les yeux et vit le ciel infini
he looked up and saw the infinite sky
Ce n'était pas comme le ciel dans la vallée des aveugles
it was not like the sky in the valley of the blind
Un petit disque coupé par les montagnes
a small disk cut off by mountains
Mais, une arche d'un bleu incommensurablement profond
but, an arch of immeasurably deep blue
et en cela il a vu le cercle des étoiles
and in this he saw the circling of the stars
Ses yeux commencèrent à scruter le cercle de montagnes
His eyes began to scrutinise the circle of mountains
Il l'a regardé un peu plus vivement qu'il ne l'avait fait auparavant.
he looked at it a little keener than he had before
« Peut-être qu'on pourrait monter ce ravin »
"perhaps one could go up that gully"

« De là, on pourrait atteindre ce sommet »
"from there one could get to that peak"
« Alors on pourrait sortir parmi ces pins »
"then one might come out among those pine trees"
« La pente au-delà des pins n'est peut-être pas si raide »
"the slope past the pines might not be so steep"
« Et alors peut-être que ce mur peut être escaladé »
"and then perhaps that wallface can be climbed"
« Là où la neige commence, il y aura une rivière »
"where the snow starts there will be a river"
« De là, il devrait y avoir un chemin »
"from there there should be a path"
« et si cette route échoue, à l'est il y a d'autres lacunes »
"and if that route fails, to the East are other gaps"
« Il faudrait juste un peu de chance »
"one would just need a little good fortune"
Il jeta un coup d'œil au village
He glanced back at the village
mais il a dû le regarder une fois de plus
but he had to look at it once more
Il regarda vers le bas dans le pays des aveugles
he looked down into the country of the blind
il pensa à Médine-sarote, endormie dans sa hutte
he thought of Medina-sarote, asleep in her hut
mais elle était devenue petite et éloignée de lui
but she had become small and remote to him
Il se tourna de nouveau vers le mur de la montagne
he turned again towards the mountain wall
le mur qu'il avait abattu ce jour-là
the wall down which he had come down that day
Puis, avec beaucoup de circonspection, il a commencé son ascension

then, very circumspectly, he began his climb
Quand le coucher du soleil est arrivé, il ne grimpait plus
When sunset came he was no longer climbing
mais il était loin et haut dans la vallée
but he was far and high up the valley
Ses vêtements étaient déchirés et ses membres tachés de sang
His clothes were torn and his limbs were bloodstained
Il a été meurtri à de nombreux endroits
he was bruised in many places
mais il gisait comme s'il était à son aise
but he lay as if he were at his ease
et il y avait un sourire sur son visage
and there was a smile on his face
De là où il se reposait, la vallée semblait être dans une fosse
From where he rested the valley seemed as if it were in a pit
Maintenant, c'était près d'un mile en dessous de lui
now it was nearly a mile below him
La fosse était déjà obscurcie de brume et d'ombre
the pit was already dim with haze and shadow
Les sommets des montagnes autour de lui étaient des choses de lumière et de feu
the mountain summits around him were things of light and fire
Les petites choses dans les rochers étaient trempées de lumière et de beauté
the little things in the rocks were drenched with light and beauty
Une veine de minéral vert perçant le gris
a vein of green mineral piercing the grey

Un éclair de petit cristal ici et là
a flash of small crystal here and there
une lumière orange d'une beauté minutieuse près de son visage
a minutely-beautiful orange light close to his face
Il y avait des ombres profondes et mystérieuses dans la gorge
There were deep, mysterious shadows in the gorge
Le bleu s'approfondit en violet et le violet en une obscurité lumineuse
blue deepened into purple, and purple into a luminous darkness
Au-dessus de lui se trouvait l'immensité infinie du ciel
over him was the endless vastness of the sky
mais il ne tenait plus compte de ces choses
but he heeded these things no longer
Au lieu de cela, il est resté très immobile là.
instead, he laid very still there
souriant, comme s'il était content maintenant
smiling, as if he were content now
content d'avoir échappé à la vallée des aveugles
content to have escaped from the valley of the Blind
la vallée dans laquelle il avait cru être roi
the valley in which he had thought to be King
La lueur du coucher de soleil est passée
the glow of the sunset passed
et la nuit vint avec ses ténèbres
and the night came with its darkness
et il gisait là, sous les étoiles froides et claires
and he lay there, under the cold, clear stars

La fin / The End

www.tranzlaty.com

www.ingramcontent.com/pod-product-compliance
Lightning Source LLC
Chambersburg PA
CBHW012006090526
44590CB00026B/3897